事例検討会から学ぶ

ケースカンファランスをつくる5つのエッセンス

監修―成田善弘
編著―渡邉素子
北島智子
佐竹一予
徳冨里江

金剛出版

序

　心理臨床家が専門家としての力をつけていく過程で，もっとも重視されているのは事例検討を通しての学びであることには異論がないと思われる一方で，今回の企画が整うまで，正面から事例検討会を取り上げた成書には出会っていないことには驚くばかりです。

　事例検討会は，学会等が主催する大規模で不特定多数の参加者が集うようなものから，継続的に一定のメンバーが集まって回を重ねているもの，職場でのケースカンファランス，そして指定大学院での養成課程で授業の一環として行われるものなど，形式，構成メンバー，領域，対象となる事例の年齢や抱える問題，拠って立つ理論や技法など，非常に多様です。しかしながら，共通するのは，ある臨床家が実際に行った臨床実践の過程を提示し，参加者からの質問や意見，助言者からのコメントなどを通して，事例の理解を深め，その後の臨床に生かすという営みであるということでしょう。終結後の事例の場合においても，事例検討会での学びは，発表者が現在関わっている他のクライアントや今後出会う新しいクライアントとの関わりにも必ず役に立つものであるのみならず，事例検討の場に参加している他の臨床家（やその卵）一人ひとりが自身のまったく異なった事例との関わりを考える上でも貴重な示唆が得られるものであることは，皆さんよくご存じのとおりです。

　本書には，事例検討会が，発表者にとっても参加者にとっても豊かで充実した意味のある体験となるための知恵と工夫が詰まっています。事例検討会に際して，まずは発表者となった臨床家はどのように準備し，当日に臨むかについて，事例の選び方，資料の作成方法といった形式面のことから，事例をまとめる過程や事例検討会の中でどのような内的な体験が生じているかも含めて，誠実に提示されています。司会者の役割に関しては，時間管理と雰

囲気づくりについて，事例検討会の準備段階から開始，休憩，終了に至る各プロセスの進行に沿って具体的に示されています。さらに，事例検討会で注目されることが少ない参加者が実は事例検討会を作る重要な役割を負っていること，そのために主体的な参加者となる必要性と，そうは言っても発言を躊躇してしまう気持ちや思い切って発言したあとの恥ずかしさも含めてリアルに書かれています。さらに，ありがたいことに，成田善弘先生による助言者の役割についての貴重な論考も掲載されています。助言がまずクライアントに，次に発表したセラピストに，第三に参加者に，そして助言者自身の成長や学びに役立つものであるようにという基本的心構えに始まり，発表者，参加者へ配慮した助言者の在り方が丁寧に示されています。私自身も含む，指定大学院のケースカンファランスに臨む全国の数百名の教員，必読の一文です。

さらに事例検討会を終えた発表者，参加者の体験や事例検討会そのものや参加者の成長について，倭木の会の皆さんの内的な体験やアンケート調査に基づいて真摯に検討されています。その上で，事例検討会の実際がライブ中継さながらに立ち現れてきます。最終章では，事例検討会の立ち上げ方・続け方が提示されるといった，至れり尽くせりの構成となっています。

本書の執筆者の皆さんは，「はじめに」にも記されているように，高名な臨床家でも研究者でもない，普通の臨床心理士の皆さんです。大学院で成田善弘先生の下で学ぶ機会があり，かつ，修了後も継続的な事例検討会においてご指導を受ける幸福に恵まれておられるとは言え，拝読するだけで，皆さんが事例検討会を通して確実に臨床家としての力をつけてこられていることは一目瞭然です。それぞれ日々の臨床の傍ら，本書を企画し，これまで触れてきたような痒いところに手が届く「役に立つ」一冊として私どもに届けてくださるまでのご苦労には，心から敬意を表する次第です。

本書は，倭木の会の皆さんが育んでこられた事例検討会の成長過程を壮大な一つの事例として提示いただいたものということができます。したがって，

読者の私たちは,主体的な参加者としてこの事例検討会が充実したものになるよう努めることが求められます。それぞれの身近な事例検討の場で本事例検討会での学びを生かすことこそ,勇気と誠実さを持って事例を提示してくださった皆様への感謝の気持ちを表すことになるのだと思います。

　　　　　　　　　　　　　　　　　　　　　　　　　　　窪田由紀

はじめに

　この本は，同学の臨床心理士が集う事例検討会（ケースカンファランス）のメンバーが，卒後研修として自分たちの手で事例検討会を企画・運営し，学びの場をつくってきた，その歩みを記したものです。

　2017年現在，我が国には3万人以上の臨床心理士がいます。その15年ほど前に私たちは臨床心理士の資格を取得しました。私たちの登録番号は1万番台，臨床心理士がついに1万人を超えた年です。一部の伝統校にしかなかった臨床心理士の養成課程が，全国津々浦々の大学院に整備され，結果的に多くの有資格者が生みだされた時期でした。私たちはその典型，いわば"量産世代"の第一世代といえましょう。

　そんな私たちが駆け出しの頃は，大学院を修了した後，訓練をしたくても場所がない，勉強をしたくても指導者がいない，という状況がありました。熟練した先生方にスーパーヴィジョンを申し込んでも"手一杯だから"と断られ，継続的な研修会も"初心者に参加資格はない"と断られ，という惨憺たる有様。また特殊な事情ですが，私たちは大学院の1期生であったということもあり，伝統校にあるような"先輩ネットワーク"で形成される卒後研修のシステムをこれから整備していかなければならなかった，ということがありました。そこで，大学院でご指導いただいた成田善弘先生が退職なさる際に講師をお願いして，継続的な事例検討会を立ち上げました。そして数年の後，この会を母体として，経験年数を重ねた修了生が集い，現行の会「倭木の会」を立ち上げるに至ったのです。会の名称として戴いた倭木は，母校に因んだ杉の古名で，まっすぐに伸びていく杉の木のように，ひたむきに臨床家として成長する努力を続けていこうとする思いが込められています。

　「事例検討会」は，日本心理臨床学会の教育・研修委員会（1991）によって「あ

る程度進行した事例，または終結した事例など，実際の事例を通して具体的にさまざまな角度から検討し，病理の理解，技術的工夫の可能性，他事例との比較を行う。それによって，技術的理解を深める」と，その方法と目的について説明されています。「技術的理解を深める」という点では，臨床心理士の教育訓練の大切な一つの方法でありますが，スーパーヴィジョンとの比較という文脈で説明されることが多く，事例検討会だけが特化して論じられることはあまりありません。だからといって，教育的効果が劣るものであるかといえば，決してそうではないのです。本書では，私たちが事例検討会を通して得た「事例検討会での学び」について述べていきたいと思います。

　本書の構成については次のとおりです。第1章では，事例の選定から資料作成，プレゼンテーションの仕方などを通じて事例検討会でどのように学ぶかを，事例を発表する立場から述べます。第2章でも同じく事例検討会での学び方について触れますが，この章では参加者の立場から見ていきます。そして第3章では事例検討会への参加を通じて，それぞれが事後にそのセッションを整理したり思い起こしたりする中で，何を学びどのように成長するか述べていきたいと思います。第4章では実際に行われた事例検討会のセッション記録を通して，事例検討会で何が行われているのかを見ていきます。そして最後の第5章で，事例検討会を立ち上げて軌道にのせていくプロセスについて概観します。なお，第4章は実際の事例検討会での発表や討論の様子をなるべく臨場感をもってお伝えしたいと考えているのですが，その中で扱われる事例については，誰の不利益にもならないことを優先し，個人が特定されないように細心の注意を払って編集しました。そのため，内容の本質を損ねない程度に事例の改変や詳細の省略をしています。

　私たちは日ごろ医療機関や相談機関・教育機関などで面接や査定・マネジメントといった臨床心理業務を行っている，ごく平凡な臨床心理士です。それぞれの職場で，後輩の相談に乗ったり，新人の指導をしたりしていますが，教育そのものが第一義的な役割としてある，という立場にはなく，何かを著

して世に問う,ということを今までほとんどしたこともありませんでした。ですが,自分たちが先達から教えていただいたこと,そして学んだことといった"実践知"を,次の世代の方々に伝えていくことは,私たち臨床現場に身を置く者の責務です。そのような思いを形にする一つの試みとして,この本を編むことにしました。本書の編集に当たっては,北島智子さん,佐竹一予さん,徳冨里江さんが,持ち前のきめ細やかさと冷静な観察眼をもって編集委員としての手腕を発揮して下さいました。また成田善弘先生には,われわれの拙い文章一つひとつに目を通し,書き手の個性を尊重した丁寧な監修をしていただきました。そして序文を寄せて下さった窪田由紀先生のお蔭で,金剛出版の梅田光恵さんのご助力を得ることができ,書籍という形にさせていただくことができました。

　この本が世に出る頃,私たちの会は10年の区切りを迎え,次の10年に向けて新しい一歩を踏み出します。そして奇しくも,我が国の心理専門職である「公認心理師」が新しく誕生する時と重なりました。

　私たちがこの検討会を通して積み重ねてきたものは,何よりも自らの不足に向き合って地道に学び続ける姿勢であり,そしてそれが自らの臨床態度に大きな影響を与えていると感じています。新しく臨床の場に一歩を踏み出そうとしているみなさんが,自分たちで学び続けることができるように,本書がささやかながらお役に立つことを願っています。

（渡邉素子）

文　献

日本心理臨床学会教育・研修委員会(1991)臨床心理士の基本技術. 心理臨床学研究, 9（特別編）; 2-55.

目　次

序　3

はじめに　7

第1章　事例検討会に臨む①——発表者の立場から——… 15

第1節　事例発表の準備　16

　　はじめに　16
　　1. 事例の選定　16
　　2. 資料の作成　18
　　3. 関わりを記述する　22
　　4. 発表の準備をするというプロセス　23
　　5. 倫理的配慮について　24
　　おわりに　26

第2節　どのように発表するか　27

　　はじめに　27
　　1. どのような場で発表するか　27
　　2. 発表時の実際　29
　　3. 発表者の態度　33
　　4. 発表を重ねる中で思うこと　34
　　おわりに　38

第3節　発表者の心のうごき　39

　　はじめに　39
　　1. ある少女との出会いと非日常の私　39
　　2. 事例を明るみにだすことの意味と日常を生きる私　41
　　3. 事例を発表するということ　43
　　4. 発表のときに——その心の動き　44
　　5. 参加者の意見をどう聞くか　46
　　6. 参加者に伝わらないと思うこと　47
　　7. 発表の後で——その心の動き　50
　　8. 溺れることと役割の認識　51
　　おわりに　52

第2章　事例検討会に臨む②――参加者の立場から――……55

第1節　参加しながら考える　56
　はじめに　56
　1. 参加する目的　56
　2. 参加者の役割　57
　3. 参加者の体験　58
　4. 参加者の発言を巡って思うこと　60
　5. 参加者が事例検討会を作っていく　61
　おわりに　63

第2節　司会者を任せられたら　64
　1. 司会の役割を考える前に　64
　2. 当研究会における司会　67
　3. 司会者の役割と仕事　69

第3節　助言者も考える　72
　はじめに　72
　1. 基本的心構え　73
　2. 発表者に対する配慮　73
　3. 参加者に対する配慮　76
　4. この会の成長と助言者の役割の変化　78

第3章　事例検討会を終えて……83

第1節　発表後に思うこと　84
　はじめに　84
　1. 発表をふり返る　84
　2. 討論の内容をふり返る　86
　3. 自分自身についてふり返る　90
　おわりに　92

第2節　参加して思うこと　93
　はじめに　93
　1. 感じたことを振り返り考える　94
　2. 発言を中心に，会での在り方をかえりみる　96
　おわりに　100

第3節　事例検討会は成長する　101
　　　はじめに　101
　　　1．事例検討会の成長とは　101
　　　2．ギブの理論　101
　　　3．アンケートの実施　104
　　　4．タックマンのモデルで考える　109
　　　5．参加者の意見から考える　111
　　　6．個人の成長を考える　113
　　　7．事例検討会の継続のために　116
　　　8．今後の課題　118

第4章　事例検討会の実際　121

ある事例検討会①　「不安の強い青年期男性との面接」　122
　　　(1)「事例概要の説明後事実確認のやりとり」　123
　　　(2)「経過報告後のディスカッション」　125

ある事例検討会②「自分を出せない青年期女性との面接」　140
　　　(1)「事例概要後，事実確認等のやりとり」　141
　　　(2)「経過報告後のディスカッション」　144

第5章　事例検討会を企画・運営する　161

第1節　立ち上げるための準備　162
　　　はじめに　162
　　　1．事例検討会の意義と機能　162
　　　2．事例検討会を立ち上げる　165
　　　3．倭木の会の立ち上げ過程について　169

第2節　事例検討会を続ける　171
　　　1．事例検討会を継続する上での世話人の役割　171
　　　2．継続する上での世話人の仕事にまつわるエピソード　175
　　　3．継続するための外的構造　176
　　　4．継続して参加したいと思う理由　176

　　　監修者あとがき　179

　　　索引　183

　　　執筆者一覧　186

第1章

事例検討会に臨む①

――発表者の立場から――

▶エッセンス

　みなさんは，事例を発表する機会が巡ってきたとき，実際にはどのように準備をしているでしょうか。この章では，事例を発表するにあたり，どのように事例を選び，資料をまとめ，発表をするのか，発表までに必要なことや，またそこから学べることを述べていきます。

第1節　事例発表の準備

はじめに

　事例検討会で事例を発表する機会が巡ってきたとき，おそらくは，発表する事例を選び，その事例について文章をまとめて資料を作成する，という作業に取り掛かることになると思います。この節では，事例を発表するに当たっての準備段階として，どのように事例を選ぶか，そして発表資料をどうまとめていくかについて取り上げていきたいと思います。

1．事例の選定

　事例検討会で事例を発表することになると，まず一番最初に，自分がどの事例を発表するかを考えることになると思います。では，どのように事例を選ぶものなのでしょうか。

　まずは，発表者にとっても参加者にとっても得るものがあることを大前提に考えると，事例を発表する場がどんな状況であるかによって，どのような事例を選ぶかがおおよそ方向づけられるといえます。たとえば，その事例検討会がどのような趣旨で開催されるものか，どんな目的を持つものか。初心者のための会であれば，初心者の事例が提供されます。専門的領域の勉強会であれば，その領域に関連した事例が提供されます。何らかのテーマがはっきりしている事例検討会では，それにふさわしいテーマの事例が提供されるようにと主催者側が意図した人選をするため，そのテーマの領域で実践活動をしている人物ということで白羽の矢が立って事例提供を依頼されることもあります。

　また，事例検討会の規模はどれぐらいなのか，対象者はどんな層の人々なのか，など，会の主旨や目的から二次的に立ち現れる場の特性によっても，おおよそのところは自然と決まってくるものだと思われます。10人前後と

いう少数の会では，参加者同士お互いがどういう臨床実践を行っているかがわかるような間柄になります。そうすると，それぞれフィールドが違っても，相手がどんな現場で何をしているか大体わかっているので，発表者個人の関心や問題意識に根差した事例を気兼ねせず選択しやすくなります。対照的に，何百人と多くの人が参加するような大規模な事例検討会では，参加者の層が幅広くなり，発表者の個性は見えにくくなるので，参加する多くの人の問題意識に触れられるように，テーマに沿った事例を選ぶことになります。極端なことをいえば，緩和ケアをテーマとした研修会で発達障害の母子支援の事例を選ぶとか，精神科病棟の医療スタッフのケースカンファランスでスクールカウンセリングの事例を選ぶなどということは，よほど特殊な事情がなければまず選択肢の中に入って来ないでしょう。このように，研修会や研究会の主旨や方針，そして参加メンバーの顔ぶれといった諸条件によって，選ぶ事例はある程度ふるいにかけられます。

　こういった外的な諸条件に大きく左右されるとはいえ，「自分自身がもう一度考えを深めたい」というような，何らかの個人的な動機も，やはり事例を選ぶ際の大きな決定要因となります。

　事例を発表する動機は時と場合によってさまざまだと思います。現実的には，「ぜひ事例を発表したい」と自発的に手を挙げ意気込んでいる場合と，「指名されて発表することになってしまったけれど，困ったな……」という受け身で弱腰の場合，その中間ぐらいで「やれと言われたからには仕方ない，頑張って発表するか」と諦念を漂わせて腹をくくる場合の3通りぐらいが主なものでしょうか。

　「ぜひ事例を発表したい」と主体的な意欲と強い動機づけを持つ場合は，当然ながら事例を選ぶために特別なことは必要ないでしょう。たとえば，自分にとって非常に印象深かった事例を振り返ってみたい，というのはよくあります。これは，その事例がとても良い方向に展開した場合と，逆に良い方向にいかずに後悔が残っていたりする場合の両方があると考えられます。特

に後者は，いま何らかの行き詰まりや困難を抱えている事例を，藁にもすがる思いで発表しようとすることも少なくありません。こうした発表意欲の高い場合は，事例ありきで心の準備が進むため，選ぶという点ではそれほど苦労はしないものだと思います。

　一方で，「なぜか発表する羽目になってしまった」というように，本人の意欲や動機があまりないけれども発表のお役目が回ってきてしまい，しぶしぶながら引き受けるという場合も当然ながらあるでしょう。そこまで大げさではなくても，所属するメンバー全員が均等に発表の機会を持つクローズドグループであれば，望むと望まないにかかわらず自分が事例を発表する役目が回ってきます。また少し違いますが，「誰も発表する人がいないから発表して」と主催者に泣きつかれ，引き受けざるを得ないというときもあるかと思います。このような場合は，最初から発表したいと思っているわけではないため，どんな事例を選んだらよいかと困ることもあるでしょう。こうしたときは，最初に述べたように会の目的や特質を考えることで，どの事例が発表するのにふさわしいかがおのずと見えてくると思います。

　なお，事例検討会ではすでに終結したケースを選択することが望ましいという指摘があります。これは，現在進行中の事例を発表すると，これまでの面接経過の流れと異質な介入が生じることによって一時的に面接過程に混乱が生じるという，いわゆる「カンファランス・ショック」が生じることを危惧しての指摘です。しかし現実的には，初心の頃は終結事例も少ないために経過途中で事例を報告しなければならないことはよくあります。良い・悪いの問題ではなく，その事例を発表すると決める段階で，自分自身がそういった影響を引き受け切れるかということを吟味して選択することが望ましいでしょう。

2. 資料の作成

　どの事例を発表するか選ぶと，今度はいよいよ発表のための資料を作成し

ていくことになります。

　下山（2013）は，事例報告の内容について①タイトル，②事例担当者の名前と所属，③はじめに，④事例の概要，⑤面接経過と考察，⑥検討したい点を記載することと，その他に心理検査のデータ，描画や箱庭など心理療法での記録などを補助データとして加えることもある，と示しています。これらの事項は，事例検討会で事例を報告するに当たって，骨格となるようなものだといえます。まずは挙げられた事項をそれぞれ説明していきたいと思います。

①タイトル

　事例の特徴を反映するようなタイトルをつけます。

②事例担当者の名前と所属

　内輪の研究会では発表者がどこでどういう仕事をしているか・してきたかをメンバーが知っている場合が多いので，名前だけの記載や姓のみの簡単な表記も見られます。もっとメンバーとの関係性が薄いところで発表する場合は，所属も明記することが多いと思われます。所属を明らかにするのは，その人がどのような現場で仕事をしてきているか，どのような領域で活動しているかを伝え，どのような臨床態度かということを推測させる材料にもなります。

③はじめに

　この事例を報告する理由や，事例と関連した問題や病理の一般的な傾向などを示します。また⑥の「検討したい点」をここに記載する場合もあります。

④事例の概要

　主に初回面接の際に得た，クライアントの年齢・性別などの基礎情報と，主訴や生育歴，家族構成，問題歴について，項目立ててまとめます。主訴はクライアントがどんなことに困っていて面接に何を求めているか，ということに相当します。またその際の見立てと打ち出した面接方針についても記載します。そして，面接頻度や1回あたりの面接時間，どういった機関のどの

ような場所で行うかといった面接構造について記載します。

⑤**面接経過と考察**

　この項で面接過程でのクライアントの語りと面接者の介入について，重要な部分をまとめます。初心の頃は直接話法でクライアントの語りを逐語的に表記することが多いですが，面接者である発表者が一度自分で咀嚼し，間接話法で表記できるようになっていくことが望ましいといわれます。これについては「3．関わりを記述する」で詳しく触れます。

⑥**検討したい点**

　事例検討会で発表するにあたって，会でどのようなことを検討してほしいかを記載します。多くは発表者が感じている事例での問題点や課題，今後の方向性など，大枠として話し合いの俎上に載せてもらいたい内容を挙げます。

　その他に，心理検査のデータ，描画や箱庭などの記録も，面接過程において表出されたものであり，事例を読み解いていくのに大切な情報が多く詰まっています。そのため，簡単に記載して口頭発表時に詳細について補足するなどの工夫をすればよいでしょう。

　また記述の際に略語を使う場合があります。たとえば，臨床心理士を「CP」，スクールカウンセラーを「SC」といった具合に表記することが慣例的に多くみられます。このときの大原則は，その略語が何を指し示しているのかを明らかにした上で，略語を使うことで文字数を大幅に削減できたり，読みやすくしたりする効果が期待できる場合に用い，そうでなければ原語のまま表記するということです。この原則に従えば，「病院に勤務する臨床心理士（以下 CP と記述）が面接を担当した。初回面接での CP の見立ては……」といった記述の仕方になります。よく唐突に"M"などの略語が出てきて，文脈から「ああ，"母"ね」と読み手が推測を加えて判断する場合がありますが，意味の取り間違いが起こる可能性があり，文字数を減らせるわけでもないので，原語どおり表記する方がよいでしょう。

上述の6項目は，決して細大漏らさずに書かなければいけないというわけではありません。あくまでこういった項目が資料を作る際の骨格となる，ということです。後でも改めて触れますが，事例検討会の資料は発表する際の補助という役割がありますので，詳細な記録を記載するよりも，検討の際にいろいろな角度から事例のプロセスを眺めて，参加者にとってさまざまな連想が湧きやすいような仕掛けがあるものの方がよいと考えられます。

事例検討会の資料の記述は，事例研究での記述の仕方とは似ているようで違います。事例研究は論文である以上，その事例で行われたやり取りや，その背景にある意味などを伝える媒体が文字しかありません。一方で事例検討会では，事例の報告の中心は発表者による口頭発表であり，資料は発表のための補助的な道具となります。資料の記載に不足があったとしても，詳細については口頭で補足できるため，資料は報告するべき要点が簡潔に書かれていれば十分なのです。むしろ，ディスカッションが深まって発表が実り豊かなものになるために，資料での記載内容が曖昧であったり情報が欠落していたりする方が，参加者が発表者に確認をしたり改めて報告をきくなどして双方向でのやり取りが生まれるため，発表者も参加者も自由に連想を膨らませられて，これまで見えなかった面が浮かび上がってきたり，よりクライアントの心情に沿った体験の解釈ができたりするなど，事例の理解を深める上でよい影響を及ぼすこともあると考えられます。

こういったことが気をつけられるようになると，必然的に資料の量はすっきりと少なくなっていきます。事例検討会は2時間半から3時間半ぐらいの限られた時間で行われますが，時々その時間に見合わないほど膨大な量の資料が配られるときがあります。筆者の参加している会では，2時間半のセッションで"A4版の資料4ページまで"というふうに資料の量について具体的な制限が設けられています。こういったものを目安に事例をまとめると，面接経過での重要なポイントや検討してほしい点などがかなり絞り込まれ，事例の要点を掴む訓練にもなります。

3. 関わりを記述する

　資料を作成する上では，⑤面接経過と考察が最も大切な部分になると思われます。成田（2014）は，事例を選出したら，まず面接記録を通読し，初回から順番に必要と思われるクライアントの言葉と面接者の介入を書き出していくと述べています。またその際に，クライアントの言ったことだけではなく，面接者がどう思ったのか，どう考えたのか，それに基づいてどんな介入をしたのかをできるだけ思い出して書いておくようにと指摘しています。

　初心の頃は特によくあると思いますが，面接者である自分自身が，面接の中で何を考えてどう振る舞っているかが欠落した記述になってしまうことが往々にしてあります。これは，本当に駆け出しの頃は，いわゆる関与しながらの観察（Sullivan, 1954）ができていないため，ということもあると思います。筆者は，大学時代に受けた"心理学は科学である"という教育に忠実であろうと，面接経過も主観を排除した客観的観察の記述を行うべきだ，と考えていたため，観察されたクライアントの言動のみを記述し，そこに面接者の感じたことや考えたこと，理解したこと，その結果として面接者がクライアントにどう関わったか，といった"主観"を排除した面接経過を書いていた時期がありました。今思えば，自分の記述こそいかに客観性に欠けているものかと恥ずかしくなります。というのは，実際の面接場面では面接者としてクライアントとやりとりをしているわけなので，面接者である自分自身の言動も含んだ"関わり"そのものを記述しなければ，本当に客観的な記述とはいえないからです。

　もう一つは，少し経験を積んでくると，今度は自分の介入のまずい点を指摘されたり批判されたりすることを恐れるという防衛的な意味合いを持っている場合が出てくることも考えられます。そういった自己愛の傷つきに対する回避行動はどうしても起こりやすいことだと認識し，意識的に自分の介入についての記述や回想を行うことが必要といえます。自分の至らないところに向き合ってしっかりと吟味することこそが，技術を高めていくのに不可欠

な鍛錬の機会でもあるからです。

4. 発表の準備をするというプロセス

　これまで述べてきたように，事例発表を行う場合は，まず事例を選んで，その事例の記録を読み込んでまとめ，要点や検討のポイントを絞った資料を準備し，発表に備えるわけですが，この一連の流れもまた，検討会を行う前にある「もう一つの修練の機会」だと考えられます。

　資料を作成するということは，現実に行った面接の過程に再度向き合うことで，面接者としての自らの至らなさ・浅はかさに直面し，未熟な面接者としての自分を突き付けられる機会でもあります。そこに感情的・感傷的にならず，何がまずかったのか，どうすればよかったのかを考えて考察に記述するということも，面接者としての技量を向上させていくためには，苦しいけれども必要なプロセスだと考えられます。

　また，資料の骨格的要素として挙げた「⑥検討したい点」についても，初心の頃は「そもそも何が問題なのかがわかっていないので，何を検討してもらいたいかもわからないから書けない」ということも多いのではないでしょうか。実践経験の浅いうちは事例の持つ力動に呑みこまれて，面接者としての立ち位置がよくわからなくなっていることが生じやすいものです。何のために面接を行っているのか。面接者はどのような役割を果たしているのか。ただただ事例に圧倒されて，自分が一体何をやっているのか，何を目指してどのような介入をしているのかがわからない。こういった事態も，事例の流れが読めていないことが大きな要因だと思われます。資料を作るために何度も面接記録を読み込んで全体像を掴み，自分なりに何が問題かを意識できるようにすることも，面接者としての技量を鍛錬する機会となっていると考えられます。

　事例検討会で事例を出すことを負担に思ったり，ためらいがあったりする理由の一つとして，「資料をまとめる時間がない」という声がよく聞かれます。

これは事例検討会の資料を作成するというプロセスが単純に文章をまとめるというもの以上の内的作業とエネルギーを必要とするため、より時間がかかってしまう、ということがあると考えられます。筆者は検討会で事例発表の順番が回ってくるときは、少なくとも1カ月前から事例を読み込む準備を始めます。大体は読んでいる間に強烈な眠気に屈して中断することを何度か繰り返し、だんだんに事例全体の流れや自分なりに転機となった介入といったものが見えてくるようになり、そこから資料作りをはじめます。そして夜中に事例をまとめながら、自分の介入のまずさに身悶えている期間が2週間ぐらい続きます。何度もクライアントが重要なことを繰り返し語っているのに、それに気づかず介入できていない場面や、クライアントの言葉の表層的なところだけに着目して浅はかな解釈をしている場面など、具体的な記録として突き付けられる自分の未熟さと向き合うのは、まさに身を削るような感覚で、読み込みのときの眠気も、まとめているときの煩悶も、向き合うことからの逃避であり苦しみであると今は考えています。逆にこういった機会がなければ、自分の未熟さを突き付けられることもなく、気づかずに通り越していたかもしれない、という恐ろしさにも直面します。

5. 倫理的配慮について

　最後に事例発表の準備をしていく段階で、とくに文字化される資料に関しての倫理的な配慮について述べたいと思います。

　心理臨床の領域では、倫理的配慮についてはここ15年ほどでずいぶん整備が進みました。しかし、事例検討会に関しては明確な基準が示されたわけではありません。日本心理臨床学会では2009年に倫理基準を制定し、その第6条に対象者の秘密保持について、第7条に対象者の情報の公開についての基準を示しています（表1-1）。これに基づけば、基本的には教育や訓練の場面でも、事例発表をする場合は、あらかじめクライアントあるいはその保護者に事例検討会で報告をさせていただくことの承諾を得る必要があること

表 1-1　日本心理臨床学会の示す対象者の秘密保持および情報公開の基準
（日本心理臨床学会，2009b）

第6条第1項	会員は，法律に別段の定めがない限り，対象者の秘密保持のために，他の関連機関からの照会に対して，又は対象者の記録の保存と廃棄等については，十分慎重に対処しなければならない。
同　第2項	会員は，対象者本人又は第三者の生命が危険にさらされるおそれのある緊急時以外は，対象者の個人的秘密を関係者に伝えてはならない。この場合においても，会員は，その秘密を関係者に伝えることについて，対象者の了解を得るように努力しなければならない。
同　第3項	対象者の個人的秘密を保持するために，研修，研究，教育，訓練等のために対象者の個人的資料を公開する場合には，会員は，原則として，事前に当該対象者又はその保護者に同意を得なければならない。（第7条第1項参照）
同　第4項	前項の同意を得た場合においても，会員は，公表資料の中で当人を識別することができないように，配慮しなければならない。
第7条第1項	第7条会員は，臨床的研究の成果を公表する場合には，どんな研究目的であっても，原則として，その研究に協力参加した対象者の同意を得ておかなければならない。研修のために自分の担当した対象者の事例を公表する場合も，同様とする。（第6条第3項参照）

になります。

　しかし，現実的には，事例検討会で発表させてもらうことをクライアントに告げることで，クライアントを逆に動揺させるようなことがあったとすれば，これは本当に倫理的配慮といえるでしょうか。「何でもクライアントから了承を得れば，自分に責任はない」と面接者の自己保身ともいうべき安易な考え方しかないのであれば，本末転倒といわざるを得ないでしょう。

　事例検討会では，参加者に対して発表された事例の秘密保持が課され，発表者には配布資料の回収と処分が義務づけられている場合がほとんどだと思

われます。本当の意味でクライアントを傷つけることなく，事例検討会をわれわれの研鑽の機会とするにはどうすればよいか，その「正しい」答えを私たちはまだ見出していませんが，それを常に考え続けることが最も大切な倫理的配慮なのではないでしょうか。

おわりに

　先輩諸氏から「事例検討会で発表すると勉強になる」と言われたことがあると思います。それは単純に"事例検討会の場でさまざまな助言を授けてもらえるから"ということだけを意味しているわけではありません。これまで見てきたように，事例を選ぶこと一つとっても，また資料をまとめること一つとっても，そのプロセスが，クライアントのことを考え，また一臨床家としての自らのあり方に向き合う濃密な体験となります。本節に示した発表の準備に関する具体的な方法は，型にはめ込むためのものではなく，あくまで基本的な指針に過ぎません。事例検討会がみなさんの学ぶ意欲や問題意識を充足し，さらなる向上心を育む場となることを願っています。

（渡邉素子）

文　献

成田善弘（2014）心理療法をどう学ぶか．学習院大学人文科学研究科臨床心理学専攻・学習院大学心理相談室編　心理療法の世界 1―その学び．遠見書房．
日本心理臨床学会（2009a）．倫理綱領．http://www.ajcp.info/pdf/rules/rules_071.pdf（2016 年 5 月 20 日取得）
日本心理臨床学会（2009b）．倫理基準．http://www.ajcp.info/pdf/rules/rules_072.pdf（2016 年 5 月 20 日取得）
下山晴彦（2013）面白いほどよくわかる！　臨床心理学．東西社．
Sullivan HS（1954）The Psychiatric Interview. Norton ; New York.（中井久夫・松川周二・秋山剛・宮崎隆吉・野口昌也・山口直彦訳（1986）精神医学的面接．みすず書房）

第2節　どのように発表するか

はじめに

　事例検討会で，自分が発表するとなると，人の発表を聞いているだけのときとは一変し，その場は自分が関与する主体的な体験の場になります。

　私自身も事例検討会には参加していましたが，事例をまとめる心の余裕がなく，発表するのも気が引けて，長らく参加者にとどまっていました。今でも発表は得意ではありませんが，やってみると苦労はあるものの参加だけをしていたときよりもずっと得るものは大きいように思います。そのような経験からも事例検討会に参加するだけでなく，できれば発表もしてみることを，お勧めします。本節では，発表した経験を振り返り，その積み重ねの中での私自身の変化について述べたいと思います。

1．どのような場で発表するか

　自分が事例検討会で発表することになったとき，その会の特徴や目的，どのようなメンバーを相手に発表するかを意識することは大事なポイントの一つです。

　教育や技能向上の目的で行われる場合でも，いろいろなバリエーションが考えられます。医療，教育，福祉，産業など分野が共通するメンバーで集まるという場合，認知行動療法や精神分析的心理療法など拠って立つ理論や技法というくくりで集まる場合，思春期事例，子育て支援，学生相談，病院臨床などテーマによって集まる場合もあるでしょう。それから，ある指導者の下に集まる会，出身大学など同窓のメンバーで行っている会，初心者向け，あるいは経験者向けの会もあるでしょう。参加人数もミニカンファランスと言われるような少人数の場合から大人数のものまでいろいろあり，期間も1回限りの単発のものや1年間など期間を決めて行う場合もあります。単発で

行うのであれば，その場かぎりのメンバーになるでしょうし，継続的に行うものだとメンバーを固定して行われる場合が多いのではないかと思います。

　また，昨今，臨床心理士が医療，教育，司法，産業，福祉，子育て支援など，さまざまな分野の現場で関わるようになりました。他職種と一緒に仕事をする機会も増え，多職種での事例検討会に参加する機会もあるのではないかと思います。たとえば，現場での方針を決めたり，関係者間での理解を共有するために，病院や学校など同一機関内の多職種が集まるということや，児童相談所，学校，病院など複数の機関から関係者が集まって行う場合もあるでしょう。

　このように事例検討会と一言で言っても，会の特徴や目的，テーマ，メンバー構成，人数，単発か継続かなどにより，いろいろな形があります。自分が発表することになったら，まず会の方向性や目的，テーマ，どのようなメンバーを相手に発表するのかを考え，その上で，発表者の個人的動機や目的を踏まえて事例を選びます。

　プレゼンテーションの仕方も，配布資料のある場合やない場合，資料の提示の仕方も面接過程のやりとりをまとめる場合や，パワーポイントや図表を使って事例をコンパクトに紹介するものなどいろいろなものがあります。そういったプレゼンテーションの仕方は，会によっては大まかに決められている場合もありますが，持ち時間やメンバー構成を踏まえ，工夫することが必要です。

　言葉の選択も重要です。他職種の相手に話すときは，心理学の概念や専門用語の取り扱いにも注意が必要です。受けてきた教育も臨床心理士とは違いますから，臨床心理士と同じような心理学の知識や概念を持っているとは限りません。場合によっては，同じ言葉を使っていてもニュアンスが違っていたり，誤解がある場合もあります。相手がまったく異なる分野であれば，共通認識がほぼないということを前提として，お互いに言葉に気をつけて話そうとしたりするのですが，同じ職場で働いていたり，職種が違っていても近

い領域だと，わかっているだろう，わかってもらえるだろうという前提で話してしまいがちです。話しているうちに伝えたいことが思うように伝わらないと感じ，確認してみると認識にギャップのあることがわかり，驚くことがあります。臨床心理士同士でも拠って立つ理論やアプローチはさまざまですし，医療，教育，福祉など働く領域やそれまでのキャリアが違えば，専門用語への認識にも温度差がある可能性があります。言葉で理解を共有するということは改めて難しいことだなと思います。他職種の場合はもちろんのことですが，臨床心理士同士でも誤解の少ない言葉や表現を使うよう心がけることが大切です。

2. 発表時の実際

それでは，発表時の実際についてご紹介しましょう。ここでは，メンバー限定で継続的に行っている臨床心理士による心理療法の事例検討会を念頭に置いています。

発表するにあたり，とても大事だと思うことは，事例検討会の全体の時間を踏まえて，ディスカッションの時間が十分とれるように時間配分を考えるということです。それによって，どの程度の分量でまとめるかも決まってきます。司会者がいる場合は，時間配分など当日の進行について事前に打ち合わせし，会が始まってからの進行は司会者に任せます。配布資料があれば，それに沿って発表をしていきます。

発表では，参加者が聞き取りやすいような声やテンポで進めていきます。発表者は，まずタイトルを読み上げ，どのようなケースを発表するのかを簡単に説明します。タイトルは，その事例を象徴するようなものや，事例の特徴を端的に表したものにします。

次に，今回の発表の目的やディスカッションしたい点について述べます。初期の見立てや方針について検討したいとか，ある程度続けて面接してきたので途中経過を振り返りたい，こんなことで行き詰まっているので助言をも

らいたいとか，終了したケースを振り返りたい，珍しいケースだから発表するなどがあるでしょう。

面接を行った現場の特徴や事情についての説明もあるとよいでしょう。たとえば，公的な機関で受け持っている事例で面接の回数が限られており継続的に面接できない，スクールカウンセラーとして会っていて授業や学校行事によって面接の開始時間が変わる，クリニックの方針で30分の面接と決められている，隔週の面接しかできない，医師からカウンセリングについて細い指示がある，料金はどうであるか，保険診療あるいは自費でやっているというように，現場の治療構造について述べます。

次に，クライアントの年齢，性別，職業，主訴，家族構成について述べていきます。家族構成のところでは，家族力動など世代間の関係を見ていく上で参考になるので，現在の構成だけでなく，原家族についての説明もあるとよいと思います。

そして，現病歴や生活歴を述べます。どのような人か，どのような家庭環境や生活環境であったか，これまでの適応状態，主訴にまつわる契機や経過などを述べます。私たちの事例検討会では，ここで資料に載せるのは，初診時のカルテや，初回面接およびアセスメント面接でわかっていたことだけとし，その後にわかったことは，面接過程の中で補足していくことになっています。面接過程のどういうタイミングでクライアントが話したかということも，クライアントについての理解やセラピストとの関係性にもつながっているという考えからです。

心理面接が始まるまでの経緯について，誰かの紹介なのか，自発来談なのかなどの説明もあるといいでしょう。そして，クライアントの外見や印象，態度や言葉遣いなど特徴的な面についても述べます。そこにクライアントの特徴が現れることもあるからです。

心理検査などやっていれば，描画やプロフィールや検査所見を紹介します。医療機関を受診しているケースならば医師の診断名や投薬内容もあるといい

でしょう。

　そして，初回面接およびアセスメント面接の内容，その時点での見立て，面接の方針を説明し，ここまでのところで参加者からの質疑や意見を受けます。このときに参加者から別の見立てが出されることもあります。これは聞いたのか，あれは聞いたのかという事実関係の質問ばかりが続くことがありますが，この時点でわかっている限られた情報の中で，いろいろ考えることが初回面接でのアセスメントや見立ての力をつけるためには役に立つと思います。初期の段階でクライアントに確認しておくことが大事だと思われていることが聞けていないのならば，質問者は質問の意図や今後の可能性を伝え，こういう部分も気をつけて聞けるとよいのではないかと伝えられればいいのですが，そんなことも聞けていないのかと言わんばかりに見える光景もあります。発表者が駆け出しでセラピストとしても自信がなく，発表するだけでもたじたじしているところへ，できていないことを追求されては，ますます萎縮させてしまうことになりかねません。質問をするときには，そうした面での注意が必要です。

　次に，初回面接およびアセスメント面接以降の面接過程に入ります。面接過程のすべてを発表の場で提示することはできないので，クライアントの話をどのように聞いたか，発表者の取捨選択によりまとめることになります。面接過程は，テーマやセラピストとの関係性などの変化によっていくつかに区切り，各期にタイトルをつけます。クライアントがよく使う言葉や言い回し，大事なやりとりは抜粋して紹介すると，参加者がクライアントや面接の様子をイメージしやすいのではないかと思います。ただし，切り取った発言の羅列では面接のストーリーがわかりにくいので，補足したり，わかりやすい表現を加えるなどして，全体の流れをまとめることが必要です。面接過程のまとめ方や区切り方，各期のタイトルの中にも，発表者がクライアントや面接過程をどのように理解しているかが現れます。

　私たちの会では，セラピストの介入を資料にも書くよう言われています。

それは，講師の成田が，面接というのは，クライアントの発言にセラピストが介入し，それにクライアントが反応し，またセラピストが介入するという連続で構成されているのだから，介入がわからないとクライアントの言動の意味もわからないと言っているからです。また，セラピストの介入が書かれていないと，セラピストが何をし，どのような役割を果たしたかがわからないし，セラピストが自分のしたことに自覚的でなければ治療の技術として繰り返すことができないということも言っています。

私が事例をまとめているときにいつも心配になるのが，面接過程のストーリーを自分にとって都合のよいように偏って再構成していないかということです。できることなら全部を提示して参加者に聞いて判断してほしいという気持ちになりますが，自分の記録さえ，記憶を元に再構成したもので，純粋な記録ではないのだから無理な話です。面接過程の中でどのようなことが起こったのか，できるだけ第三者的な視点を持ちながら注意してまとめていきます。

資料に載せられる分量は限られているので，発表では必要に応じて口頭で補うとよいと思います。発表者が特に大事と思うことは口頭だけでなく，資料の中にも記載します。発表の中でセラピストの思いや介入の意図が直に伝えられることで，資料の文字情報だけではわからない事例の特殊性やクライアント像，セラピストとの関わりなど，事例のイメージがよりはっきりと浮かび上がります。そうしたものが土台にあると，その後のディスカッションも深まるのではないかと思います。

そして，考察です。考察のところでは，クライアントについての理解，面接中に起こったクライアントの外的な変化と内的変化の関連，セラピストとの関係性の変化，こんなアプローチが有効だったとか，面接全体を振り返って思うことなど，自分が事例を通して考えたことを述べます。面接をしていたときに考えたことや思っていたこと，その変遷，そして今考えていることや思っていることなども伝えられるとよいのではないかと思います。

発表の中に考察がないことがありますが，考察を書くことによって，改めて事例全体を振り返ることができ，それまでの理解がより整理されたり，書いているうちに自分では十分自覚していなかったことに気づくこともありますから，考察を含めて，全体をまとめるようにするとよいと思います。枠の中に収めるということも，私たちセラピストに求められる能力でもあると思います。

　考察まで進むとディスカッションに入ります。参加者から，面接過程での変化，クライアントについての理解，セラピストの介入とその効果，発表者が検討したいと思っている点，また全体を通しての意見や感想などが出されます。発表者は参加者からの質問や意見に対して応答します。そのやり取りの中で，新たな理解や発見があることもあります。

3. 発表者の態度

　自分の体験や考えをできるだけ誠実に率直に言葉にしようとしている発表には心を動かされます。批判的な意見に対しても真摯に聞く姿勢，開かれた態度であろうとすることが大切です。発表者が緊張するのは仕方ない面があると思いますが，あまりに不安や緊張が強い場合や傷つくことを恐れる気持ちが強いと，自分を守ろうとする気持ちが働きます。参加者から聞かれたことに答えるのに必死になって，参加者の意見について考えたり，連想したり，何かを思いつくことは難しくなるでしょう。また，自説を延々と述べたり，言いわけに終始するなど，他人に口を挟ませないようでは，建設的な機会にすることができません。そうした発表者の態度は参加者を辟易させ，ディスカッションも活性化しにくくなります。

　面接は，クライアントとセラピストが密室で行うものです。発表では，そういう密室で行われていることをオープンにするわけですから，よい意味でも悪い意味でも自分の仕事のあり方があらわになります。そのため人前で発表するとなるとさまざまな思いが湧いてきます。

自分の仕事に対して，これでよいのかという不安や心細さを感じたことのないセラピストはいないのでないかと思います。自分が発表をすることで，そうした不安や心細さを参加者と共有したいとか，自分のやっていることについての手応えや自信を得たいとか，今後のヒントをもらいたいということもあるでしょう。その一方で，批判されるのではないか，下手と思われるのではないかという不安もあるでしょう。参加者が自分よりもかなり経験があるとか，先輩・後輩，上司・部下など，上下の関係がある場合，その人たちからのコメントは，より大きな影響を持って感じられることと思います。

　また，参加者の態度が発表者を萎縮させてしまうこともあります。参加者からの批判めいた質問や攻撃的な意見にさらされ，もう発表したくないと外傷的な体験になったという話を聞いたこともあります。至らない部分を指摘されることや批判されることがまったくない会も問題があると思いますが，参加者のモラルも問われるのではないでしょうか。

　事例検討会の場は発表者だけでなく，発表者と，司会者や助言者も含む参加者との両者で作るものです。それぞれに役割があり，守られるべき作法やモラルがあるのではないでしょうか。発表者は事例検討会のニーズや目的にあった素材を参加者に提供し，発表者や参加者はそれを元にディスカッションをし，目標に向かって協力するという役割があります。発表者や参加者が，できるだけ事例に関して思いついたことを自由に率直に話せるような場でありたいものです。そういう相互交流の中で，さらなる発見や理解が深まっていく様は，クライアントとセラピストが織りなす面接とも通じるものがあるように思います。望ましい事例検討会のあり方は，望ましい面接のあり方とも共通する面があると思います。

4．発表を重ねる中で思うこと

　事例をまとめる作業は，面接の経過の大きな流れをつかみ，セラピストとしてクライアントに何をしてきたかに向き合うことになります。その中で第

三者的に自分の事例を客観視することにもなります。クライアントの話が聞けていないと自分に幻滅したり，セッションのときには気づかなかったようなクライアントの心情や自分の介入の影響に気がついたりします。発表をする前から発表への不安や恥ずかしさ，自己愛の傷つきは始まりますが，準備をする中で，だんだんと発表することへの覚悟も定まっていきます。そして，いよいよ自分の事例を人前で発表します。ディスカッションをする中でも，落ち込んだり，情けない気持ちになることもありますが，参加者からのいろいろな意見を聞き，自分が理解していたことがより明確になったり，新しい視点が得られたり，励まされたりすることもあります。

　クライアントのことをどのように考え，どのように関わってきたか，そして，そのことをどう思うのか，自分の事例を話す発表者体験は，自分の話をするクライアント体験とも重なるところがあるように思います。面接でクライアントはセラピストに自分や周りの人との関係の中であったことや思うことを話すわけです。よかった話，うまくいった話ばかりではなく，できればなかったことにしたいこと，隠しておきたいようなこと，自分の対応のまずかった部分や情けないと感じるようなことについても，話します。そこには自分の話をすることの恥ずかしさ，痛み，傷つきが伴います。セラピストが事例発表やスーパーヴィジョンの場で感じるような不安や恥ずかしさ，自己愛の傷つきは，クライアントが面接で体験することとも似た体験ではないかと思います。こういう体験をセラピストがしているということは，クライアントの話を聞くときの態度にも影響するのではないかと思います。

　私自身，駆け出しの頃は，自分がこの仕事をしていてよいのか，向いていないのではないかと，自分のやっていることに職業人としての自信が持てませんでした。何とかましな心理士になりたい，少しでも上達したいという思いは強かったので，事例検討会に参加はしていましたが，発表に対しては消極的でした。職業人としての自信もない中で日々の仕事をしていて，自分の面接などとても発表できるレベルではないと思っていましたし，発表により

日ごろの自分の仕事の至らなさがあらわになる不安や恐怖がありました。それならば発表しない方がボロが出ないし，傷つかずに済むという思いがあったように思います。個人スーパーヴィジョンは1対1ですし，自分がスーパーヴァイザーを選ぶことができるので，スーパーヴィジョンを受けることへのハードルは低かったのですが，発表については大勢の人の前で自己開示をすることになるので，大きな抵抗や苦痛を感じました。それは程度の差こそあれ，ずっとあるように思います。

　通常ある講師の下で行われる事例検討会に集まる参加者というのは，その講師への尊敬や憧れを持って参加している場合が多いと思います。ですから講師からのコメントは参加者の意見以上に重く感じられるものです。私も講師からの評価におびえていた面もあったと思います。そして，それを周囲の人にも聞かれるという恥ずかしさもありました。

　このようなさまざまな気持ちが発表者になることを遠ざけ，参加者にとどまることにつながっていたと思います。自分のしたことや自分の問題に向き合い，見直し，面接技術を高めるチャンスにしようとはなかなか思えませんでした。しかし，私が新たに参加した事例検討会が参加者全員の発表を義務付けていたので，逃げられなくなってしまいました。やむなく発表をすることにはしたのですが，発表に対して萎縮していましたし，自分を守る意識が強く，受け身的に臨んでいたように思います。当日は用意した原稿だけに頼り，思いついたことを話したり，自由に連想することがなかなかできませんでした。参加者から何か困る質問がきたらどうしようとか，批判を受けることにおびえていました。とりあえずプレゼンテーションして，何も聞かれず，批判もされず，その日の発表が終わればよいくらいに当時は思っていた気がします。今思うと参加者からの質問や意見が活発に出るような素材を提供できることが発表者の大事な役割だと思うのですが，そんなふうに考えることはできませんでした。

　あるとき，私は型にはまった対応で自分を守るクライアントの事例を発表

しました。終わりの挨拶で「今日のみなさんからのさまざまなご意見を踏まえ，今後の面接に活かしていきたい」というようなことを言ったと思います。コメンテーターから「セラピストの挨拶も型にはまっていますね」と言われました。私自身の体験から出た生の言葉ではなく，ありきたりのものだったからだと思います。クライアントだけでなく，型にはまった対応で自分を守ろうとしている自分を指摘され，恥ずかしい気持ちになりました。これは一例ですが，面接の中にも，発表という場の中にも自分が出ますし，否が応でも自分を知ることにもなります。

　こうした思いは，発表するという義務が課せられ，発表を続けるうちに，少しずつ変わっていったように思います。最初は苦行でしかなかったのですが，発表することに慣れ，傷つくことを過度に恐れなくなったと言ってもいいかもしれません。まずは，資料の中に自分の思いや考えを盛り込もうと思うようになりました。そういう思いになっていったのは，その事例検討会のメンバーへの信頼も影響していると思います。安心した場であると感じられるようになると，参加者の意見を聞く余裕も出て，用意したことを言うだけでなく，その場で思いついたことも話しやすくなりました。経験を重ねる中で，発表の機会を自分のために活かしていこうと思えるようになり，発表の場で自分が思ってもみなかったような発見があることも望むようになっていった気がします。自分の体験に近づき，そこで自分の体験に近い言葉を探そう，何となく感じるものをできるだけ言葉にしようと意識するようになりました。これらは自分の思うことや考えをはっきりさせ，言語化するセラピストとしての訓練になります。自分が感じ，考え，理解したことを自分の言葉で言うという，よく耳にする当たり前のことを何年もかかって実感し，より主体的に発表へ関わるようになっていった気がします。このような発表への関わりが変化していくプロセスは，セラピストとしての成長のプロセスとも重なるのではないかと思います。

　西村（2013）は，ケースカンファランスについて，「患者への反応を通して，

報告者の感じ方、考え方、ひいては報告者の人格さえ、あらわにされる怖い体験である」としながらも、だからこそ「報告者が自分自身を知る機会になるし、臨床力もつく」と述べています。私自身の発表者体験からもまさにそのとおりと思います。

おわりに

事例検討会で発表するということについて述べてきましたが、今でも発表するときは不安や緊張感を感じます。発表が終わるとつかの間の安堵を感じますが、帰り道では疲労感とともに発表時の参加者とのやりとり、そこで言われたことが心に去来します。

事例検討会で参加者から言われることは一つの意見、一つの見方であり、別のセラピストであれば、また意見は違っているかもしれません。ですから、批判的な意見に対しても、あまり深刻になりすぎない方がよいと思います。発表した後、いろいろな意見で頭が一杯になっていたのが落ちついた頃、少し時間が経ってからの方が望ましいような気がしますが、親しい仲間と共有する時間を持つとよいと思います。自分が発表の後に気づいたことを話したり、仲間からは、そのときに言えなかったことや、観察者だからこそ気づいたことが聞けたりして、自分の発表が建設的な方向で整理され、元気になることが多いように思います。

自分の気に入る事例検討会に継続的に参加し、参加するだけでなく、発表者となることをお勧めします。

(德冨里江)

文　献

成田善弘 (2003) セラピストのための面接技法. 金剛出版.
西村良二 (2013) 精神科卒後教育におけるケースカンファレンス. 精神療法, 39(5); 83-87.

第3節　発表者の心のうごき

はじめに

　臨床心理士となり晴れて心の専門家として仕事をしようとするとき，それがどのような職場領域であっても，スーパーヴィジョンや事例検討会などへの参加に恵まれなかったら，暗い大海原に独り小舟で漕ぎ出したかのような大きな不安と心細さに襲われるのではないでしょうか。あるいは，一人よがりの自信家になってしまうかもしれません。

　スーパーヴィジョンでも事例検討会でも，その学びにはさまざまな感情が生まれ，また新たな考えにいたるということがあります。ここでは事例検討会での「発表者」の立場から，さまざまな「感情と考え」の湧きおこる内的な体験について書きとめてみたいと思います。

1. ある少女との出会いと非日常の私

　私にとって，車を運転し，一人長距離を移動して職場までいく時間は，自分自身の心の底に眠っている感情や，普段は忘れているような考えやイメージに，意図せずして親しむ時間となっているようです。人に話すわけではなく，一人でに考えていると，さまざまなことが脳裏に浮かび上がってきます。ただ単に過去の記憶を追っていたり，中途半端にしておいた考えに自分なりの新しいアイデアが閃いたり，思いがけない自分の心情に出会ったりすることもあります。

　車での通勤の時間が私にとっては，非日常の世界に自由に出入りし，自問自答し，これという答えのないまま目的地に到着する……という，感情的に自由な孤立感がなじみ深いのです。

　この時間に，ごくたまに現われるある少女とのセッションがあります。なぜか，彼女とのセラピーを整理してまとめ，事例発表しようと考えたことは

ありません。しかし私が経験した，プレイセラピーの内の一つで，深く心に残り大切にしているものです。

　部屋中にまき散らした沢山のおはじきがあちこちで光る床に，腹ばいになって横たわり，嬉しそうに小さな指でおはじきを弾こうとしている彼女は，これまでになく心がほぐれて楽しそうで，幸福そうにさえ見えました。そう見えるのにもかかわらず，私に笑いかける無邪気でおとなしい瞳の奥から，彼女の深い悲しみが伝わってきました。私はなす術もなく，彼女に感づかれないよう心の中でその幼い体をそっと抱きとめました。彼女は少し成長してプレイルームの外でも笑顔が見られるようになり，私から離れていきました。

　この少女とのプレイセラピーでのあの日あのときのしぐさや声が，次々と思い出され，胸が一杯になってしまうということがこれまでに何度かありました。この少女との世界に戻り入っていくその前には，何か別のことを考えていたはずだと思います。そして彼女を思い出したその後には，これまで臨床心理士としての私を通り抜けていった人々の姿と，その人が生きていたそれぞれの日常が次々と思い出されて胸が熱くなってしまうのです。なぜ私はこの仕事をしているのか……答えははっきりしませんが，次第にこの少女との出会い，プレイセラピーの体験が自分の仕事の原点であると思うようになりました。

　イニシャルケースの一つでもある彼女との事例を発表しないのはなぜなのか。今回この小論を書く機会を得て改めて考えました。彼女との出会いを対象化する，この主観的体験を客観化して文字にすることに抵抗があったのだと思います。

　つまりこの事例が，そしてそこでの私の主観的体験が，ある意味を持って私の中に内在化されて特別なものになっていることを自覚しました。そうなって

いるのは，かつて私の母が私に話した「母自身の幼い頃の思い出にまつわる話」が，私の中でこの少女との主観的体験と重ねられているからです。そしてそれが心の専門家として仕事をする上で私の心の支えとなっているのだと思います。

2. 事例を明るみにだすことの意味と日常を生きる私

　自分が発表する側のときは，記述してきた報告の内容がちゃんと伝わるだろうか，自分のしたことに不備があるのではないかと不安で気持ちも文章も精一杯のことが多く，参加者でいるときのような余裕はありません。それはもう，ただ会場まで出向けばよいときとは違い，発表の月日が迫ってきた頃から始まります。

　発表する事例を選ぶときに，自分としては「この事例のことを，一度振り返ってみたい」と日頃から思いはするものの，「……やはり……発表には踏み切れない」と思う事例もあります。こうした事例は常に，あるいは時々，私の頭の片隅に気になる事例として浮かんでは消え，浮かんでは消えたりします。発表に踏み切れないものはそのままにして，何とか発表することに決めた事例の記録メモを引っ張り出してきて何度も読み返します。

　そして，面接場面での事実を，クライアントの日常の現実を，またその内的現実をクライアントはどう生きていたのか。そういうクライアントを治療者の私はどのように感じて，一体その人に何をし，何を言ったのかと振り返ります。また，クライアントは私との面接の時間をどう過ごし，そのことは面接以外の時間にどう影響していただろうかと，さまざま自分の思うところを拾い出していきます。

　成田（2003a）は「……何を拾い出すか，それをどう再構成するかに私が患者をどう理解したかがあらわれる」（p.169）と述べています。事例発表は，私が……，取りあえず今の私が，クライアントをどう理解したかを文章にし，第三者に向けて語ることでもあります。

　「事例を報告するということは，クライエントと治療者という二者関係に，

報告を読む（聞く人）人という第三者が入ってくることを意味する。……自分だけがわかっている言葉を使っても他者への伝達はできない」（成田, 2003b, p.199）というように，何度か発表者になることで，まさに参加者に伝わらないというもどかしい経験を重ね，事例を対象化して書くこと，主観を客観化して書くこと，起こっていることを理論と照らし合わせて説明すること（理論に事象を当てはめるのではなく）の大切さが実感されてくるのです。

一方，書きながらクライアントの顔，その悩みに打ちひしがれた表情や声，心の底にあるものに触れたような気がした沈黙のとき，何気ない動作などがありありと浮かんできてしまいます。そしてそれらは二人で見聞きした，窓から見えた空の青，建物にあたる風の音，クライアントの衣服の香り……そういったものと共にあるのです。「その場・その時」に共有した空間の中に溶け込んだ，文章には書き表せられないものをその都度，自分の心の中に感じながら，クライアントのストーリーを第三者に向けてまとめていきます。

事例を白々とした明るみに差し出すような恥ずかしさや，またクライアントを突き放してニヒルな笑みを浮かべるような自分を空想してしまいます。これをクライアントが読んだらどう思うだろうか。セラピストとして誠実に書こうとしたことに嘘偽りはないのですが，正直だからこそまた裏切りの感覚がみぞおちのあたりに捻じれるように湧いてくるのです。

こういう気持ちが流れてきたとき，私は，申しわけなく思う自分の気持ちを，少しはよいセラピストとなって面接室に帰っていこうという気持ちに変えて，自分自身を励まします。

私は面接室を，まるで2つの石ころをコロンと入れた錬金術師のフラスコのように思うイメージをもつようになりました。それはユング心理学を垣間見ていた頃の30年ほど前に遡ります。このような話は冷や汗が出るのでほとんど話したことはありませんが，こんなふうに思っています。

2つの石は，無論のことセラピストの私とクライアントであり，クライアントはもちろん，私も日常生活の現実をもっています。食事の支度をし，洗

濯物を取り入れ，いろいろな話を家族や友人と楽しみます。そうした日常を互いにもつ私とクライアントが，石ころのようにフラスコの中にいて，変容が起きるのを待っている。錬金術のフラスコの中は現実から解き放たれた非日常であり，この2つの石の性質によって何が造られるかが決まってくるのです。だから1つの石が私ではなくもっと優れた石であるなら，またもっと違ったよいものができあがるのです。

　しかし，情けなく思ってばかりいないで，少なくともそのフラスコの中を，外から見つめる眼を養う努力が必要ではないでしょうか。その1つの方法として，事例検討会での発表があると思うのです。

　少し大袈裟なようですが，このようにセラピストとクライアントとの面接は非日常であり，鞄の中に入れたその「非日常の報告書」を「日常のリアルな私」が携え，駅の構内を行き交う人々にまぎれて事例検討会の会場まで出かけるのです。

3. 事例を発表するということ

　会場に到着するまでは，セラピストの自分が関わったクライアントがどういう人で，どのような幼少期を過ごし，今どのような人生を悩み生きているのか，その精神状態，症状の理解や見立て，介入はどうであったかなどと，何とか書き上げてきたレジュメのことをボーっと思っていたりします。

　事例について自分が考えたことも，したこともこの時点ではこれきりのこと，今現在以上のことは何も考えつかない，わからない状態なのです。

　会場に入ると，皆はどう思うだろうと不安な気持ちはありつつも，事例を発表する空気もただよってきて，発表者として心の準備も整ってくるようです。

　あるとき，会場に入って人数分をコピーした自分の資料が助言者と参加者に配られるのを見て，一瞬，ハッとしたことがありました。「事例を明るみに出す」などと思っていたのに，今，皆が手にしたその資料は全体として「私そのもの」なのだ，というふうに見えたのです。晒すこと，明るみに出すの

は「私」のことなのだと感じたのです。

　事例発表のおそろしいところは，その面接過程の報告に発表者の個性，現時点での技量，人生観やパーソナリティまでがそのまま映し出されてしまうところです。しかし参加者の立場からは，だからこそ人間的な営みとして興味深く聞くことができるのだとも思います。

　他の人の発表を聞いていると，どうあっても，その人だからこそとか，その人らしさが感じられて，おそろしいほどに自分との違いが見えてきます。クライアントを理解する切り口や，的を射た非常に自然な介入，私には思いもよらない発想や，深い解釈などがその発表者の言葉で語られていくのです。

　クライアントへの眼差し，面接過程の展開，それら事例の報告そのものが，発表者その人自身に見えてくるのです。

　「ひとつの事例研究はその報告者の人格と切り離せないものとなってくるのである」（河合，1986）のとおり，クローズドのこのわれわれの会ではメンバーの性格もおおよそ知っていて，さらに事例発表を重ねるたびにその人となりや，心理士としての個性も見えてくるのです。そして，この長年の間に一人ひとりが成長していく様子も知ることができ，互いの励みにもなっていると思います。

　事例を発表するということは，心理士としての自分の仕事を自ら検証し，孤立していては知ることのない，心理療法のプロセスに現れる自分自身の性格や人間理解の傾向などを相対的に知る，つまり他者の発表でその人の個性を知ることになり，自分の発表で自分自身の個性を再認識することにもなるのだと思います。

4. 発表のときに——その心の動き

　ドキドキして用意してきた資料を読みはじめると，自分の緊張がわかり，まず日頃のコンプレックスが頭をもたげてきます。事例の概要，初回面接のあたりで，一旦事実関係などについて質問を受けるときに，司会者に促され

ても皆の沈黙が続くと，一体何がいけなかったのかと考え不安になります。

　発表は，もう始まってしまったのです。仕方ありません。心を強く持って自分のマイナスをこの場で補う努力をしなくてはなりません。第三者を意識し苦心してまとめてきた事例ですが，発表の場でやっと，初めて本当の意味で客観的な振り返り，検討ができるのかもしれません。最後まで読み進んで（または途中で）事例の提示が終わると，参加者が発表者の私に向けてさまざまな発想や，別の視点からの仮説や見立て，解釈について発言してくれます。

　しかし，実際には読み上げた直後であり，取りあえず今の自分の考えやクライアントとの記憶に頭は占領されている状態です。この状態から討論が始まることになります。そのため私は，参加者の「質問」には何とか答えたり考えたりすることはできても，「別の視点からの意見」の意味をすぐに捉えられず，何だかよく理解できないことがあります。

　緊張状態が続く事例検討会ではずっと頭も固いままのこともありますが，馴染みのある検討会で，討論の時間が十分あれば，次第に頭も心も緩んできて心に落ちる話が聞こえてきます。参加者の意見に触発されてそのときまで考えつかなかったことが閃いたり，参加者の解釈に納得がいったり，つまり「別の視点からの意見」に助けられ事例への理解を深めていくことが可能になります。

　河合隼雄との対談で鷲田清一は，文学と事例研究の違いについてこう話しています。「文学ってゆるそうに見えるけど，実は緻密に個々の作家の中で隙間なくきちっと編まれているというか，構成されていると思うんです。でも事例研究というのは，意味が完全に一つの織物の中に凝縮されない，ある別の解釈をも許すような契機をそのままに組みこんで，そのまま出す。それが事例研究じゃないでしょうか。……事例を100パーセント解釈しきっても別なふうにも読めるというのが事例研究」と。これに対して河合は即座に「だから，皆聴きに来るわけ」（河合・鷲田，2001）と，事例研究を徹底するこ

とで学会が発展し，臨床心理士が育っていったことを説いています。

5. 参加者の意見をどう聞くか

　私自身が軟弱で自己愛的なせいか，肯定的な意見については受け入れやすく，否定的な意見には心がへこみます。しかし，肯定的な意見，褒め言葉ばかりだったら，これもまたどうでしょう。事例検討会が自分にとって有意義であったかどうか疑問に思ったり，「井の中の蛙大海を知らず」の人になりはしないかと不安になったりするのではないでしょうか。

　参加者からいろいろな質問があげられて，実際に自分自身がよくわかっていなかったということがわかることがあります。それもこれも自分が事例をまとめて書いているときには，現時点でこれが精一杯，これ以上のことは考えられないという状態だったのに，いざ皆の前に出して，質問されるとすぐに，『なるほど，そうだ。その質問は当然で……』と思えることがあります。ほんの数分前まではほとんど意識できていなかったのに……。これは，どういうことか。

　私個人は自分なりの視点，解釈からクライアントの物語を読み解き，こんなふうに関わってきました『これが今日の時点で話すことのできるすべてです』と言っているのですが，私以外の人がそれを見たときに，私が見ていたものとは違うものが見えているのだと思います。しかし，それが意見となって伝えられたときに，私が『あ，そういう解釈もあるか……』と素直に受け入れられることがあります。私には見えていなかったけれど，おそらく「同じ文脈で捉えられる別の視点」というようなもので，理解の幅が少しは広がるように思います。また他方，その参加者ならではの連想や仮説が語られ，私は急にガラリと変わった別の景色を見せられたような驚きを感じて，晴れやかな気持ちになることがあります。

　一方，過去の事例発表の経験ではありますが，事例報告の拙い内容より先

に，私自身がそのときの助言者に嫌われている，自分の存在が否定されていると感じる発表を，数回経験したことがあります。その後何カ月から何年もの間，被害的な気持ちが消えず苦しかったことがあります。この感情を自分なりに克服した頃には，あのときに言われたことは些細なことだったので，第一の要因は根本的に私の在り方に対するもの（生意気で母親的に見える様子）であったように思われ，その助言者にとっては正当な評価であったのであろうというところに落ち着きました。実際に私がずっと考え続けていた自分についてのイメージやテーマであり，変わりたいと考えていた『母親的な態度』をめぐる私自身の問題であるのだと考えるようになりました。

　これは私の心的現実として自分一人の勝手な奮闘であり，いわばある大先輩の胸を借りた一方的な自己理解の心の作業でもありました。事例を発表することでこうした感情を体験し，それについて考える経験をすることもあります。

6．参加者に伝わらないと思うこと

　参加者から意見があまり出ないときは，自分の発表に皆の連想が広がらない何かが，聞き手の心を遮断するような何かがあるのではないかと考え，今後の宿題となります。また，自分の考えていることが上手く伝わらず参加者の意見と噛み合わないと感じ，人知れずモヤモヤした気持ちになったまま終了時間になってしまうこともあるでしょう。

　自分が参加者の側にいるときにもそう感じることがあり，帰宅の道すがらそれが頭から離れず考え続けてしまうこともあります。しかし，会が終わった後で数人の仲間と話し足りなかったことなどを気楽に話し合うと，それが解消されることもあります。自分の事例発表であれ，他のメンバーの事例発表であれ，会のその場の時間内での討論では不全感が残り，数日の間，あのときあんなふうに発言したが，それよりも，ああも言えるこうも言える，今になってみればあれはこういうことではなかったのか，そうとも考えられる……などと無意識のうちに思い巡らせていることがあります。

発表を聞きおわった後，誠実で共感的かつ専門的技法への努力のその内側に，セラピストの感性と謙虚な人柄を感じてすがすがしい気持ちになり，自分もこうありたいと願うことがあります。
　一方，上述のように参加者に伝わらないと思うこと，発表者から伝わってこないと思うこともあります。しかしそこを補足するかのように考え続けるところに，心の専門家としての成長が期待されるのではないでしょうか。
　クライアントの話を聴くうえで私が一番理想とし，心の底から納得しているのは「不思議に思う」ことという説です。成田は土居の「分からない」という感覚をどう育むか……という説を引いて，「患者の語るところを聴いていて，わかりにくいところが見えてきたらそこを問い返す」「患者の話がなるべく具体的で感情を伴うものになるよう，問い返したり明確化を求めたりする。患者の話に自己撞着がある場合には，治療者は一体どういうことなのかと不思議がる」（成田，1999）と，さらに話を進めています。
　面接の中で，クライアントの言動でどうにもわからないことがあり，不思議がって訊くと何とか答えようとして支離滅裂になったり，思わぬ答え，本当の気持ちが吐露されたり，また考え込んでその問いを胸に何カ月かを過ごされたりすることもあります。
　私が受けたスーパーヴィジョンでも何度か同じような体験があります。スーパーヴァイザーに「ここは，どうして〜なの？」などと訊かれると，「それは〜で〜で〜」と一生懸命に何とか答えようとして，話がしどろもどろになりきちんと説明できないことが，その時点でやっとわかる。しかも，そこがとても大事なところであることに段々気づいてくるのです。この「不思議がられる」実際の体験が私の中で非常に大きく重要なものとしてあります。このことが本当に自分のものになるには，その根底に流れる他者に自分がどう向き合うか，自分の心がどのように耕されていくかということにかかっていると思うのです。

伝わらないと思うこと──事例から

　ある事例で，クライアントが勤務中に仕事の関係者に「ワーワー」言われることを非常に嫌がっていました。クライアントの親が厳しい人で一方的に話をする人だったので，私は『それは嫌でしょう』と思っていました。ところが事例発表する中で，参加者，助言者にこの「ワーワーとは何なのか」，と一様に質問されました。私は逆に「どうしてそれが皆はわからないのだろう？」と参加者にも助言者にも伝わらないもどかしい思いがありましたが，父親の話をしてその答えとしました。

　また数年たって再度同じ事例を提示したときになんと，また同じ質問をされました。私はまた「何で，皆はこれがわからないのだろう？」と不思議に思いつつ他のもっと重要と思われる話題に移りました。

　その後何カ月もの間，この『検討会の皆に向けての私の不思議』は頭の片隅にポツンと残ったまま放置されていましたが，ある日急に『私は皆に不思議がられていた』という考えが浮かんできました。「ワーワーとは何か」というこの点についてまさに，私は当然わかっていることと決めつけておき，傷つきやすい当の本人に明確化を求められずにいたのです。このことに気づきました。そしてこれはクライアントに対するセラピストである私の逆転移であるとも気づいたのです。

　まるで，境界例患者とセラピストの埋没した二者関係のようです。私は『そこは，一番辛いところだからそっとしておいてください』と，無意識のうちに皆に告げていたのでしょう。事例検討会の発表の場で起こった『不思議がられる』体験からかなりの時間を要して，このことにたどり着きました。

　そのとき，これは錬金術師のフラスコが二重の入れ子になった状態のようだと思いました。私とクライアントの石ころが2つ入った小さなフラスコを入れた，もう1つの大きな事例検討会というフラスコを熱

> することで，中にある小さなフラスコ内の無意識の領域が見え隠れしたのです。

7. 発表の後で——その心の動き

　事例検討会が終わり会場を出て一歩一歩，そこから離れると，発表のための資料の作成に右往左往したこと，発表時の緊張，プレゼンテーション全体への不全感など，取りあえずすべてを吹き飛ばして心身共に解放されます。反省も今後の心配もあるけれど，次に向かっていく気持ちは保たれています。これは事例検討会全体の成熟と，助言者の姿勢とに寄るところが大きく関連していると思います。

　また別の大きな事例検討会で，参加者は知らない人が多く，一部の心理士以外の横のつながりがあまり感じられない会（私個人の状況として）であっても，助言者の，若い世代を育てようとされる熱意が強く感じられる会では，発表者は同じようにまた明日からの仕事に意味を見出していこうとする気持ちが保たれます。その他のクローズドの事例検討会でもおそらく同じように，やはり助言者の存在意義は大きいと思います。

　実際に事例発表が終わった後，継続のケースであれば，また面接室でクライアントに再会します。

　このときには，気まずさと照れ臭さのような想いがふわっと湧いて一瞬，緊張を感じます。

　そして，セラピストとしては発表する以前より深くクライアントへの理解が進んだこと，見落としていたクライアントの心の内や，セラピストとの関係性などに気づいたことで新たなスタートラインに立ったような気持ちになります。

　しかしまた一方で，事例検討会で得られた新たな見立てや解釈に安住して，考えを巡らすことを怠れば，クライアントの真実から遠ざかってしまいます。

事例を発表した意味の重さが，今後の面接に掛かってくるということをセラピストである自分が覚悟する必要を感じます。

8．溺れることと役割の認識

　河合（1986）が，「われわれは平板な『客観的事実』に固執する態度から脱却しなければならない。さりとてそれは治療者がクライエントの主観の世界に溺れこむことも意味していない」と述べているように，私もそこが肝心と考えています。主観の世界に溺れこむなど自分としては最も危険！と意識しているところです。そして，物事を論理的に整合性をもって考え，科学的な理解と説明のできるタイプではない私はそこに注意が必要です。

　そのためか，今回この原稿を書くことにあたって自分の心に次々と浮かんできた内的体験を書き留めようとしたら，思わぬ抵抗にあうことになりました。内的体験は「後で書く！」と後ろへ後ろへと押しやられ，子どものように自分のコンプレックスによって混乱をきたしました。

　人の心に関わる者として，私は「客観的事実に固執する態度」と「主観の世界に溺れこむ」というこのかけ離れた両極を結ぶ線上の一体どのあたりに居るのか……。心理士として仕事をする上で思うことは，この両極端を忌み嫌う自分を良しとして，自分自身で警戒音を鳴らせるように自分を見張る必要があります。時と場合によってほどよい位置を確認しながら歩いていく……いえ右往左往しているように思います。『中庸』の道を行くなど私には憧れの域を出ず，今のままの自分でやっていこうと考えます。

　私が以前考え続けていたテーマ，鬼子母神的に見えるかもしれない母親的態度（呑込み呪縛する・生意気で母親的に見える様子）について，また上述の河合の言葉について，精神療法家やセラピストに向けた説明としてさまざまなよい意見が語られていると思いますが，私は，成田（1996）の『『一人の人間として一人の人間にかかわる』といったあまりに普遍的な言葉に溺れないで，自分と患者との役割を認識し，その役割の性質と限界を認識するこ

とがやはり必要であろう。むろんその役割に閉じこもっていてよいというのではない。それを広げ，乗り越え，そして再びそれを役割に統合していく，そういう絶え間ない努力のなかにこそ治療者の専門性というものがあるのであろう」という言葉を心に留めておきたいと思います。しかし，難しいので時々読み返し，自分の現実と照らし合わせてみなくてはならないでしょう。

おわりに

作曲家の武満徹による，「ひとはいかにして作曲家となるか」という文章の中に次の一文があります。

「演奏技術は教えることができるし，その教育も必要です。しかし，作曲を教えることはできないと思います。ソナタ形式とか，交響曲とか，西洋音楽が歴史的に創り上げた形式の概観を教えることはできるでしょうが。作曲家にとって一番大切なことは，どれだけ音楽を愛しているかであり，また自分の内面に耳を傾け何かを聴き出そうとする姿勢だと思います。こういうふうに楽器を重ねれば美しい響きが作れるという原則を教えることはできますが，それは最低限必要な技術に過ぎません。そんな表面的な技術ではなく，その人なりの美しい音があるはずです」（武満，1996）というものです。

この文章はそのまま私たちにも当てはまるものだと思います。しかし，久し振りにこの文章にふれたときに私が感じたのは，「その人なりの美しい音があるはず〜」という文にばかり感心していないで，私に必要なことはもっと先達の教えと理論を学ぶことだと思いました。

（深津佐千子）

文献

河合隼雄（1986）心理療法論考．新曜社．
河合隼雄・鷲田清一（2001）聴くことの力―臨床心理学と臨床哲学の出会い．（西口徹編）文芸別冊．総特集・河合隼雄―心の処方箋を求めて．河出書房新社．
成田善弘（1996）心と身体の精神療法．金剛出版．

成田善弘（1999）精神療法の技法論．金剛出版．
成田善弘（2003a）精神療法家の仕事——面接と面接者．金剛出版．
成田善弘（2003b）セラピストのための面接技法．金剛出版．
武満徹（1996）時間の園丁．新潮社．

第 2 章

事例検討会に臨む②

——参加者の立場から——

▶エッセンス

　事例検討会に参加する際は,「発表者」としてよりも,むしろ「参加者」として参加する経験の方が多いのではないでしょうか。参加者はただフロアにいるだけではありません。司会を任されたり,助言者を頼まれたりといった,実質的な役割を求められることもあります。またそれ以上に,検討会の雰囲気を形づくる,大切な「陰の立役者」でもあるのです。この章では,事例検討会を実り豊かなものとするための参加の仕方について,「参加者」「司会者」「助言者」それぞれの立場から考えます。

第1節　参加しながら考える

はじめに

　ここでは参加者の立場から役割などについて考えてみたいと思います。成田（2013）は，心理臨床における事例検討会の在り方について，「まず第一に，クライアントのためである。とくに治療の途中でカンファランスの機会が持たれる場合には，そこでの議論が今後の治療に資するものでなければならない。その次にはそのセラピスト（発表者）の成長に役立つものでなければならない。そして参加者それぞれに役立つものであることが望ましい」と述べています。そのために参加者が心得ておくべきことについて，ここでは考えたいと思います。

1．参加する目的

　私は，事例検討会に何を期待して参加しているだろうか。発表者の語る事例に触れ，技法を参考にしたい，他の参加者の発言や助言者のコメントから自分にはない新しい視点や心理臨床への気づきを得たい，自分に向き合う時間，自分の臨床について考えたい，セラピストとしての力量を身につけたいなど，いろいろと心に浮かびます。参加者は，発表者のためになるように，事例についての意見を交わしますが，同時に，参加者自身の過去の振り返りや，現在抱えている事例について考えます。たとえ，参加した後で何もヒントを得られなかった，むしろ意見が食い違って不愉快だったと感じるような会であっても，むしろそのような体験をしたときの方が，後に心に残り，自分の臨床について考えさせられる機会になることもあります。

2. 参加者の役割
(1) 主体的になる
　第一の役割として，参加者はできるだけ検討会の構成メンバーとして主体的に考え，発言をすることが挙げられます。事例検討会といっても，会の規模や参加者の構成はさまざまです。参加人数の規模，参加形態がオープンなのかクローズドなのか，参加者の経験，専門分野の違いの幅があるかなどによって，事例検討会の目指すところがやや違うことがあります。しかし，参加者が，発表者と助言者のやりとりを聴くだけの聴衆に留まらず，なるべく主体的に参加することは，どの事例検討会でも必要なことです。たとえば，参加者が50人以上にもなる規模の大きな事例検討会では，発言をする参加者が限られてしまうでしょうが，より少人数であれば，一人ひとりが言葉を交わす機会が増え，参加者が自分を構成メンバーだと意識しやすくなります。たとえば，村山（2012）は，パーソンセンタード・アプローチの視点から，PICAGIPという独自の事例検討会の方法を実践しています。PICAGIPでは，従来の事例検討で読まれる事例の量をよりコンパクトにし，参加者の積極的な関与や参加者同士の相互作用に焦点を置きます。また，「事例発表者を批判しない」というルールを明示することもしており，そのなかで，"ともに解決策を探る"姿勢を身につけることを目指し，<u>安全な雰囲気の中で全員が発言できるようにしています。</u>

　しかし，会の運営費のためある程度の人数が必要なこともあり，その場合は，参加者がより自由に発言しやすくなる雰囲気作りが重要です。

(2) 生かすこと
　参加者の第二の役割としては，それぞれが検討会で得た気づきや理解を，自身のこととして，臨床の場で生かし，自分が会っている（もしくはこれから出会う）クライアントに還元していくことです。参加者は，自分の事例を思い浮かべたり，自分の事例に対する理解と照らし合わせたりしながら発表

を聞き，事例検討会で得た症状の理解や新たな視点を，その後の実践に生かし，繋げることができます。

(3) 繋ぐこと

　今日，福祉や医療，保育，教育など，対人援助職の間で事例検討会は広く活用されています。私たちが職種の違いを超えて事例検討会に参加する場合，これまでの心理臨床の事例の捉え方を基本に，異なる職種と共に，より幅広い視点を得ることができる検討会の在り方を探っていくことがこれから必要になってきます。クライアントの治療に資するために，専門領域を問わず共に頭を突き合わせて考え，支え合いながら学べる事例検討会の在り方を考えながら次世代に繋げてゆきたいとも思います。

3. 参加者の体験

　事例検討会では，事例の概要，クライアントについての見立て，面接経過，検討してほしい内容の順に事例が読まれます。

　最初に，事例の概要として，クライアントの年齢や家族構成，どんな環境で生きてきた人なのかといった基本情報を聞きます。参加者はそれを聞き，クライアントの問題，病態水準などの見立てを考えます。

　そこで参加者は，より詳しく聞きたい事を質問し，それにより，面接環境や初回面接までの状況や，発表者の見立てが分かってきます。たとえば，基本的な情報が読まれないときには，インテーク面接および最初の面接で発表者がなぜ聞かなかったのかと疑問に思い，質問することで明らかになります。参加者が大事だと思うことと，発表者が大事だと思うことが違う場合もありますし，発表者も疑問に思いながらしかし面接開始当初はクライアントに聞くことができなかった状況があるかもしれません。それら面接経過の中で徐々に明らかになってくるのかもしれません。しかし，あれこれと事実確認の質問ばかりして，次の面接経過の時間を奪ってしまったり，発表者が責め

られているような雰囲気になったりしないようにしたいものです。参加者は，どうしても聞いておきたいこと以外の疑問は，頭の片隅に置いておき，発表者から語られる情報の中で事例を読んでいく姿勢も必要だと思います。

　次に面接の経過を聴きます。参加者は，発表者とクライアントの会話，クライアントの語りの変化，キャンセルやその他の行動化など，黙って事例の物語をたどりながら，「あれ？」と思う箇所や，クライアントとセラピストの関係性，自分が参考にしたい応答，疑問に思う応答，カギとなるやりとりに注目します。「ここでクライアントは何か変わってきた」「ここでキャンセルになったのは，発表者とのこの部分のやりとりが辛かったのではないだろうか」「なぜ発表者はここで何も聴かなかったのか」など，さまざまな考えが浮かびます。このとき，参加者は自分の事例を思い起こしたり，これまで学んだ知識を振り返ったり，クライアントやセラピストに自分の気持ちを重ねたりして，それらと照らし合わせるようにして事例を理解しようと努めます。そして面接経過や所見を聞いた後に，それぞれの疑問，感想，理解した点を言葉にします。たとえば，発表者のここがよかったということやクライアント理解について，参加者がなるべく率直に意見を交わせることが望ましいと思います。ところが実際には，率直には言いにくい場合があります。たとえば，発表者に対して批判的な気持ちが湧くようなときや，自分の考えと違う視点に「それは違うのでは？」と否定したくなるようなときです。私はこのような時に，下手に発言をして発表者のプライドを傷つけるのは避けたいと思ったり，そもそも私の考えが主観的に偏っていてメンバーの共感が得られないのではないか，などの不安から，発言を避けたい気持ちになることがしばしばあります。しかし同時に，自分の考えを言わないでいることにも違和感を感じ，そこで葛藤がおこることがあります。また参加者が，個人的な感情で，思いを発表者にぶつけるような場面をみることもあります。参加者は，自分の承認欲求を，発言によって満たそうとしてはいないだろうか自戒しながら，発表者にサポーティブに働くように意見を交わしたいものです。

しかしどう言葉にするのかはいつも難しく、自分への挑戦のように感じます。

4. 参加者の発言を巡って思うこと

(1) 発言を躊躇するとき

　成田（2013）は「（参加者がセラピストの立場になって聞くと）発表しているセラピストの下手なところ、まずいところがよく見えるようになる。そんなことをしてはクライアントが可哀相ではないかと義憤を感じてセラピストを責めたくなる。こういう人はセラピストとしてある程度上達した人である。さらに上達すると、セラピストの下手なところが見えてはいても、それを責める気持があまり生じなくなる。自分も似たようなことを沢山してきた、でもそのときは一所懸命だったのだと思うようになるからである。そして発表しているセラピストのよいところ、それも当人が気づいていないよいところが見えるようになる。まずいところもあるが、ここはなかなかよいじゃないか、当人は意識しないでやっているようだがよい介入ではないかなどと思うようになる」と、事例検討会における参加者の内的体験が、セラピストとしての成熟によって変化することを述べています。

　参加者が、発表者に対して言いにくいことを抱えるとき、言うか言わないかの葛藤を体験しながら言葉にしようと努めることは、心理面接の中でのクライアントの体験と重なるように思います。それは私たちにとってよい訓練になります。発言に躊躇して言葉を選んでいるうちに時間がなくなり、発言の機会を逃してしまうこともあるでしょう。しかし、「あれ？」と違和感を持ちながら言えなかった経験は心に残りますから、それも意味があることだと思います。気持ちや考えが揺れ動くような内的体験の中にこそ、学びがあるのではないでしょうか。

(2) 思い切って発言をすることの意義

　私は、「そうか、わかったぞ」と思って発言をしたにもかかわらず、言葉

にした直後に，自分の発言内容が不十分だったとか，拙く表面的であったとか，実は自分の願望や対象の捉え方が問題であったなどと感じたりして，とても恥ずかしくなることがあります。

　まだ心理臨床についての理解や経験が不十分だと思って自信がないからでもありますが，自分の内側で感じることを言葉にしようとすると，どうしても荒削りの表現になり，恥ずかしさも味わいます。しかし，人のコメントの受け売りでなく，心を揺らして戸惑いながら言葉にすることは，私たちの専門性であるところの，言葉を扱う力を育むという点で非常に意義があると思いますし，恥ずかしいと感じることは，自分の中の気づきが深まっていることであるといえます。

5．参加者が事例検討会を作っていく
（1）事例検討会の独自性

　私たちの事例検討会は長期に継続している少人数のクローズド形式の会です。構成メンバーは皆女性で，年齢や経験年数の差はありますが，同じ大学院で学んだ同期の仲間を中心に構成されています。同期の仲間であるからか，発表者に対してサポーティブな雰囲気があります。この雰囲気の中では，サポーティブでポジティブな意見が積極的に交わされる一方で，直接的な批判や指摘は少ないように思います。参加者は，発表者が傷つかないように言葉を選び，批判的にならないように気を配りながら，発表者になぜそうしたのかとその意図を問いかけることで発表者の気づきを促すといった発言が多いように感じます。

　このように，長期に継続している事例検討会では，それぞれ固有の雰囲気ができあがっていきます。サポーティブな姿勢が強いのか，気づきや成長を促すための指摘はしていくといった姿勢が強いのか，そのバランスがよくとれるような会に作りあげていくことが望ましいと思います。たとえば，助言者やベテランの参加者が手厳しくコメントする場合，発表者は傷つき，コメ

ントが発表者の役に立つどころか,かえって混乱をさせてしまうこともあるかもしれません。それでは,何のための事例検討会なのかということにもなります。厳しい指摘をすることがよいことのようになれば,かなり偏った雰囲気ができてしまいます。事例検討会の雰囲気は,参加者一人ひとりが,実りある会にしようと意識することで,適度にサポーティブなものにしていけるのではないかと思います。

(2) 参加者と会の成長

　初心者や学生の方などは,実際にどのような姿勢で事例検討会に参加すべきか,手探りの状態であると思います。誰にとっても最初は,どのような質問や発言をしたらよいのかを他の参加者を見て取り入れる時期があります。私も初めて事例検討会を経験した大学院の頃は,発表者のためになるように発言をすることはあまりできず,聞き役に回って教授や先輩の意見を聞き,どのように発言するのかということを学びました。その頃は今考えると,まだカウンセリングがどのように進んでいくのかわからない状態で,コメントをなるべく漏らさないようにノートに書き留めることが目的のような参加をしていました。自分の内的な体験もあまり意識できておらず,事例を聞いて自分の中に響くものが乏しかったため,文字どおり鵜呑みの状態で取り入れることが精一杯だったと思います。その後,何年もかけて少しずつ心理臨床の経験を重ねていくにつれ,徐々に,他の参加者の発言を自分の考えに照らし合わせて咀嚼し味わうような体験をするようになってきました。

　このように,事例検討会にはさまざまな経験年数の参加者が集いますが,初心者や学生にとっては,発表の仕方,心理面接の進め方,クライアント理解など心理面接の基本的な知識を吸収できる場であり,経験を重ねた心理士にとっては,自分の「知」と照らし合わせてさらに考えを深める場になるというように,同じ場にいながらも,参加者それぞれの経験によってそれぞれ違う学びが得られる点が面白いと思います。

(3) 適度にサポーティブな事例検討会を作る

　事例検討会がサポーティブであることが重要である点については，神田橋（1990）も，「内輪の仲間の共同活動のなかで，トレーニングに直結するのが，ケース・カンファレンスである。これが，のびのびした，しかも抱えの雰囲気でおこなわれる集団は，理想的集団に近い」と述べていますし，一丸（2003）も「ケース・カンファレンスが実りある体験となるためには，スタッフが相互に信頼し，支え，学びあおうとするような関係であることが重要である。過度に競争的になったり，相互に批判的になったりすると，学ぶことが困難になるだろう」と述べています。

　サポーティブでありながら，率直な意見が交わせるような雰囲気は，やはり参加者一人ひとりが，事例検討会を作るメンバーであると意識することから始まるのではないかと思います。心理面接の構造と同じことですが，参加者が，ここで自分は安全に抱えられると感じられるような場であれば，深い内的体験をことばにすることができると思います。

おわりに

　臨床心理士の仕事は，実践と研究の両輪が大事だと言われています。下山（2000）が「事例報告は事例の経過を記述したレポート，事例検討は事例報告に基づいて事例の経過を検討する作業である，そして事例研究は，研究として何らかの一般性や普遍性を示していることが条件となる」としているように，事例検討会は，個々の事例の報告と，普遍性を追究する事例研究の中間にあり，私たちの日々の実践と心理臨床研究の2つの両輪を支える軸として私たちを支える機能を果たしているように思います。私たちが，専門性を共に育んでいけるような実りのある事例検討会の在り方を，今後も考えていきたいと思います。

（藤田千恵）

文献

一丸藤太郎（2003）第8章　臨床心理実習1．第3節3．ケースカンファレンス．（下山晴彦編）臨床心理実習論．誠信書房．
神田橋條治（1990）精神療法面接のコツ．岩崎学術出版社．
村山正治・中田行重（2012）新しい事例検討法PICAGIP入門．創元社．
成田善弘（2013）臨床の方法としてのケーススタディ②．臨床心理学，増刊第5号；31-36．
下山晴彦（2000）心理臨床の発想と実践．岩波書店．
下山晴彦（2003）臨床心理実習論．誠信書房．

第2節　司会者を任せられたら

1．司会の役割を考える前に

　司会進行の役割を考えるにあたり，よい事例検討会とはどのようなものかを考えたいと思います。平たく言うと，発表者として，あるいは参加者として，事例検討会が終わった後に「ああ，充実した時間だった」と思えるのはどんな条件が揃っていたからでしょうか。筆者の少ない経験ですが，充実した検討会では議論が深まった，一人では気づけなかった意見を聞けた，クライアントにとってこの検討会が役立つものとなると思えたというような感想を持ちます。

　全体，発表者，参加者それぞれの位置から実り多い事例検討会の条件を考えてみると，表2-1のような対比が考えられます。全体としては，事例検討会という場が心開かれた雰囲気であるか，それとも防衛的であるかです。温かさ，和んだ雰囲気，適度な緊張感，これから始まる会への期待など，それぞれの事例検討会が持つ雰囲気に違いはあっても，その場を包む空気がどのようなものであるかは事例検討会の内容に影響を与えると考えられます。大学院における事例検討会は，教育，訓練の場であり，かつ評価を受ける場でもあります。そのためか発表者だけでなく参加者も防衛的な雰囲気になることがあるようです。

表 2-1　実り多い事例検討会の条件対比

	対比	
全体	心が開かれる	緊張・防衛的
	活発な意見交換	沈黙
	議論の深まり	浅いケース理解
発表者	発見がある	発見がない
	今ここで得る	余裕がない
	励まされる	恥・傷つき
参加者	新しい知識を得る	新しい知識が得られない
	連想が膨らむ	イメージが湧かない

　2つ目の対比は，活発な意見交換がなされるか，沈黙が続くのかということです。一人の参加者の意見が他の参加者の連想を引き出して，そこから新しい意見が生まれるような場面に出会ったことがあると思います。そのような場面では，発言する参加者に自然と他の参加者の視線が集まっている様子が観察されます。反対に沈黙が続き誰からも意見が出ない場面では，参加者の多くは下を向いています。参加者は資料に目を落として考えをまとめているのかもしれません。あるいはこの気詰りな中，誰か最初の意見を言ってくれないものかと，授業中に発言を求められた学生の気持ちでいるのかもしれません。こうなると，司会者は発言を促しつつ，自ら口火を切る必要が繰り返し出てくるという状況になります。

　最後に挙げた議論の深まりは，上記の対比において場の雰囲気がどのようであるか，また意見が十分に出されたかどうかによると思われます。懲罰的な雰囲気の中では新たな発言は慎みますし，経験豊かな方々の発言が多ければ，初学者にとっては自分の意見など意味を持つのかという気持ちになり，つい勇気が持てずに発言できずにいることがあります。議論が深まるには，自由でどのような発言も尊重される雰囲気があること，意見を否定しても人格を否定しない配慮のある発言であること，ある程度の安心感が存在することが必要でしょう。

次に,発表者にとってよい事例検討会とはどのようなものでしょうか。日々の仕事をしながらの資料作成は,クライアントと再び向き合うことであり,セラピストとして失敗や後悔と対峙することでもあります。その作業を乗り越えて事例検討会で発表することは,傷つきや恥と無縁ではありません。しかし明日からの臨床の励みを得る,またセラピストとして成長する貴重な機会なのです。また,自分では気づけなかった新たな視点や知識を得られることも期待できます。そして発表を積み重ねることにより,発表することに手一杯な状態を越えて,事例検討会の場で余裕を持つことができるようになります。そうなると,カウンセリングと同じく,今ここでの体験に開かれ,洞察とも呼べるような気づきを得ることがあります。たとえば,セラピスト自身の性格や成育歴がケースに与える影響,無自覚だった逆転移などに気づくのです。時には,クライアントとセラピストの関係性が発表者と参加者の関係性として再現されていることに気づくこともあります。

　最後は,参加者の立場から考える,充実した検討会についてです。今回,語句の統一を図るにあたり,講師から「フロア」ではなく,「参加者」とするのがよいという意見がありました。「フロア」は傍観者に近いとの指摘でした。筆者はとっさに,いじめの傍観者を連想しました。いじめの傍観者とは,近年「いじめの三層構造」として指摘されているように,直接のいじめ加害者だけではなく,その周囲のはやし立てる者,さらにその外側にいじめを傍観する者という三層の構造があるという概念です。

　いじめが黙認されるという空気を作り出すのは,加害者の周辺を取り囲む者たちが,知らず知らず重要な位置を担ってしまっているといえます。このように集団の力動を事例検討会に当てはめて考えると,参加者の,そこに座っているだけで何かを与えてもらおうという姿勢は,検討会全体の不活発な雰囲気を作り出すのだと思います。筆者自身,当初は心ではいろいろと思っていたのに,発言せず傍観者であったと自責的に思い出されます。

　満足のいく検討会にするには,参加者の積極的な発言とが欠かせないとい

うことを自らの戒めとしつつ,参加者から見た充実した検討会の条件を考えたいと思います。

　参加者も,事例検討会に参加する理由としては,自らの研鑽という意味合いが強いのではないでしょうか。新しい知識や新たな視点を得たいと望み,また現在や過去のクライアントとの類似性を見出して,明日からの臨床に役立つヒントを得られたらと期待するでしょう。充実した検討会ではクライアントについてイメージが豊かに広がり,他の参加者や助言者によってさらに理解が進みます。生きいきとした一人の人間としてクライアント像が浮かぶと,まるでカウンセリング中のように逆転移をモニターしたり,自分ならこのクライアントにどのように関わるかをイメージしたりと,時間がとても短く感じられるでしょう。

　ここまで実り多い事例検討会という視点で全体を俯瞰してきましたが,この中で司会者が果たす役割とはどのようなものでしょうか。次の第2項では当研究会における司会者のあり方について,続いて第3項では一般的な司会者の役割と仕事について考えてみます。

2. 当研究会における司会

　それでは,私たちの事例検討会の司会者はどのようなものかご紹介します。基本的に司会者を固定せず,順番に次回の発表者が司会者を引き受けます。この仕組みは,次回発表者が司会を務めることで,次の発表に向けた心の準備も兼ねているように思われます。司会は世話役の事務連絡後,発表者を紹介し,事例検討会の進行方法について簡単に確認します。多くは事例の概要,初回面接,見立てを発表した後で一度区切りをつけ,質疑応答に入る形を取ります。また,発表者の検討目的を確認することも司会者の重要な役割です。発表者がなぜこの事例を選んだのか,また参加者や助言者と一緒に考えたいことは何かというようなことです。大まかには,始まったばかりの事例の見立てをしたい,継続事例で今後の方針を考え直したい,終結した事例を振り

返りたい，といった発表目的がよく取り上げられます。

　初回と見立てまでの発表が終わると，適宜質問や意見を受け付けます。事実確認はもちろんのことですが，当研究会ではこの時間にクライアントの見立てについて自由連想のようにさまざまな意見が出されます。当会は2時間半程度で行われていますが，そのうち40分から1時間程度の時間がここまでに費やされます。クライアントの職業や学校，住まいの地域性などについて，各領域で働いている参加者から幅広い情報がもたらされ，イメージが膨らむこともあります。ここまでの検討に時間をかけることが，私たちの会の特徴かもしれません。

　十分な意見が出たところで，司会者は残りの経過や考察に進んでよいか確認し，次に進めます。その後，最後まで発表が終わると，再度事実確認，次に事例の検討へと移っていきます。現在の私たちの会ではこの段階で司会者の果たす役割は極めて小さいと言えます。終わりの時間まで，一度二度の発言がある程度です。その理由としては，他の参加者が発言者の意見要約や，次の意見の促しなどの役目を自然と行っていると考えられます。司会者が発言の指名をすることはなく，時には参加者同士の発言のタイミングが重なると，譲り合うことや，横道に話題がそれつつ発展していくことがあります。脱線した場合にも司会者が軌道修正することは少なく，脱線したことを詫びつつ次の発言を待つ，もしくは次の発言者が本筋に戻すといった形で進みます。

　司会者は発表者が始めに確認した検討してほしい事柄に話が及んでいない場合には，議論が途絶えたタイミングで参加者へ投げかけることがあります。そして残り時間がわずかになると「そろそろ終わりの時間が近づいています」と全体に投げかけます。深く事例の世界に引き込まれていると，おそらくそういった時には充実した検討会となっているのですが，司会者のことばにはっと現実世界に引き戻されます。カウンセリングの終了時刻を告げられたクライアントのような気持ちはこのような感覚だろうかと想像します。その終わりが司会者によって担保されているからこそ，事例の世界に深く入り

込めるのかもしれません。助言者に意見を再度求め，発表者の感想を聞いて締めくくりとしています。最後に，発表者への感謝とねぎらいの気持ちを込めて，全員で拍手を送ります。

　先に述べたように，一般的な研究会と比べると私たちの会の司会者の発言は最小限であるように思います。参加者全員が対等で主体的な参加が可能となっていて，つまり会として成熟した段階にあるためだと考えられます。

3．司会者の役割と仕事

　第2項に示した司会者のあり方と同じ順序で，一般的に司会者が事例検討会で果たす役割について考えてみたいと思います。司会者の多くはその事例検討会の企画者，もしくは世話役や事務局と言われる人が務めると思われます。または，小規模であれば助言者や指導的な立場にある人が，司会も合わせて2つの役割を兼ねることもあるでしょう。つまり，司会者は継続の検討会の立ち上げ初期において，グループの中心人物であるといえます。

　司会者の役割と仕事は大きく分けて，検討会という場のマネジメントと雰囲気づくりという機能があるように思います。まずは時系列にそって，場のマネジメント機能について触れていきます。

　マネジメントとは，司会進行という言葉があるように，検討会を成り立たせるための進行役という機能があると思われます。滞りなく進行するために，欠かせないのは時間の管理です。カウンセリングにおける枠組みと同じように，とても大切な要素です。司会者は定刻がくる前から会場の様子を観察し，参加者の揃い具合を見極めます。準備の状況によっては開始を遅らせ，その旨をアナウンスすることもあるでしょう。次に，休憩を挟むのか，挟むとするとどういったタイミングにするのかなどです。予定より時間がずれ込むことはよくありますが，その場合，後半をどのように進めるか修正が必要になります。常に終わりの時間を意識しながら，発表後の検討時間ではどこで区切りをつけるか，残りいくつの発言を受け付けるかなど組み立てていきます。

進行は単回の検討会や参加制限の少ない，いわゆるオープンな検討会の場合，役割が増えます。その検討会を開くことになった経緯や趣旨の紹介があると参加者にはわかりやすいでしょう。日ごろはクローズドの検討会であり，特別講演会などの形で拡大した検討会であれば，その検討会の歴史や日ごろの活動についての紹介も必要かもしれません。都市部は特に，事例検討会は数多くあり，司会者は参加者獲得のための広報活動としての役割も担っています。会の紹介と前後して助言者と発表者の紹介，自己紹介を行います。規模の大きな会であれば，検討会に先立って，助言者に資料の送付をし，コメントの準備をしていただくこともあるでしょう。また，当日の開始前に進行について発表者と助言者で事前に打ち合わせをしている場面もよく見受けられます。そういったさまざまなかかわりを通して，検討会の雰囲気が作られていくと思われます。

　発表者によって資料内容の発表が一通り終わると，司会者の仕事は次のようなことが考えられます。まず資料では明らかにならなかった事実関係の確認から始めます。参加者に質問の促しをします。すぐに発言がなければ時間をつなぐために司会者自ら質問や感想を述べます。また参加者から質問があれば質問の意図を明確化し，発表者に発言を求めていきます。一通り，事実確認が終わると，内容の検討に移っていきます。再び発言を求めますが，発言の内容が偏っているときには，方向性を意図的に変えることもあるでしょう。参加者に経験からの発言を求めたり，助言者にコメントや意見を求めたりします。終了時刻が迫ってきた段階でまとめや締めくくりの言葉を述べ，助言者，発表者に最終的な発言や感想を求め，会を締めくくります。

　ここまで時系列にそった司会者のマネジメント機能を見てきました。第1項で事例検討会が充実したものとなるかどうかという対比をしましたが，事例検討会を充実させる手段の一つとして司会者が果たす雰囲気を作る役割と責任があるのかもしれません。

　筆者は6，7人の小さな研究会の司会を5年ほど務めました。参加者は固

定ではなく，毎回多少メンバーの出入りがあったため，毎回参加者の自己紹介を行っていました。そこで司会者から自己紹介の例示も含めて自己紹介をするのですが，司会者が緊張すると緊張した雰囲気になりがちで，何気ない最近の近況やその時の率直な気持ちも含めて自己紹介をするとその後に続く参加者も自己開示的になるという空気がありました。

　司会者は場のマネジメントと共に雰囲気を作る大きな役割をしているといえます。司会者が意識的に取り組めば，事例検討会という土壌を耕すような役割も担えるのだと思います。

　そのために司会者は，事例検討会をどのような雰囲気にしたいかを意識することも大切だと思います。緊張した雰囲気を和やかにする，仲間内で行うため横道に逸れやすいので話題をある程度絞る，決まった参加者からの意見に偏りがちなので広く意見を出してもらいやすくするなど，誰にとっても充実した場になるよう働きかける必要があります。事例検討会とは少し異なりますが，学会の事例発表のように規模が大きく，各地から参加者が集まるような場合は特に，司会者が雰囲気づくりに心を配っている様子が見てとれます。今日の天候について話題にしたり，時事と今回のテーマの関連付けをしたり，司会者の私的なエピソードを交えた自己紹介，助言者との関係性についてなどから司会者の人柄があらわになることで会場の雰囲気が作られていることを感じます。

　司会者には，一般に明確にされていませんが，発表者を後方から支える役割もあるかもしれません。発表者が必要以上に非難にさらされることは望ましくありません。継続中の事例であれば事例に及ぼすマイナスの影響が心配されます。また発表者がセラピストとして成長することの妨げにもなることが考えられます。さらに，参加者が今後の発表を躊躇することや，事例検討会に足が向かなくなることも懸念されます。「やっぱり事例検討会は怖い」と思われることは避けたいと思います。発表者が安心して検討会に臨めることは，事例検討会全体の成功にも関わることだと思います。

最後に，司会者が司会という役割を果たしながら，参加者であることについて簡単に述べたいと思います。不慣れであれば司会をすることに精いっぱいになると思います。まずは司会者に徹することが大切ですが，せっかくの勉強の機会ですので，司会もこなしながら参加者でもありたいという気持ちが生じることは自然だと思います。バランスを見極めながら，参加者として楽しむことができたら司会者にとってより充実した時間となると思います。会の特性にもよりますが，司会者が固定していて一人に負担をかけるのではなく役割を交代することで，参加者として学べる機会を相互に担保することも必要だと思います。

（井澤直子）

文　　献

青木典子・新田和子・梶本市子（2004）精神科看護領域における事例検討会の司会の技術．高知女子大学看護学部紀要, 53；1-10.
小谷野康子・日下和代・熊地美枝・高濱圭子・板山稔・宮本真巳（2005）精神看護学領域の事例検討会における事例提供という体験の構造．日本精神保健看護学会誌, 14（1）；53-62.

第3節　助言者も考える

はじめに

　ここ何年か事例検討会で助言者を務めることが多くなりましたが，経験を重ねるほどに，助言という仕事がいかに難しいかがわかってきました。この機会に助言者としての私自身の経験をふり返り，その役割について改めて考えてみます。
　私が助言者として関わってきた会には医師も参加している会が多いのですが，この「倭木の会」の参加者は私以外は皆心理士なので，本稿では治療者，患者ではなく，セラピスト，クライアントという用語を用いることにします

1. 基本的心構え

　まず，この会に限らず，助言者としての私の基本的心構えについて述べます。

　まず第一に，助言がそのクライアントの役に立つものにしたい。とりわけ面接が継続中の例では，助言が今後の経過に及ぼす影響を考えなければなりません。助言を受けたためにかえってその後の面接が混乱してしまう（こういうことは現実にときどきあります）ようでは本末転倒です。面接が終結した事例についても，その助言をセラピストがこれからの別のクライアントの面接に生かせるようにしたい。

　その次には，事例を発表したセラピストの成長に資するような助言をしたい。助言を受けたセラピストがそのクライアントについての理解を深めるだけでなく，セラピストとしての自分自身についてふり返り，自分のしていることを自覚し，自己理解を深め，成長できるようにしたい。

　3つ目には，会の参加者の人たちの成長にも役立つようにしたい。参加者一人ひとりが提示された事例についての理解を深めるだけでなく，自身の担当しているクライアントについてふり返り，提示された例との共通点や相違点を考え，自身の面接の仕方についても検討できるようにしたい。

　4つ目には，助言者である私もその場の経験からできるだけ学びたい。発表者（セラピスト）はクライアントと直接取り組んでいるので，その理解や介入はある意味傍観者である助言者の理解を超えるものがあります。実際，発表者の発言から，ああそういう考えもあるのかと学んだり，参加者の発言が私の気づいていなかったことを指摘していてはっとすることもあります。ときには，私の助言に対する発表者や参加者の反応から，助言の仕方について反省させられたりもします。助言者も学ぶという姿勢で会に臨むよう心がけています。

2. 発表者に対する配慮

　事例を発表することは，一参加者として他の人の発表を聞いているのとは

まったく違う体験です。批判されたり非難されたりするのではないかと緊張し不安になって、助言者や参加者の発言を心をひらいて聞くことが難しくなってしまうのです。助言者としては、まず、発表者の不安を和らげることが必要でしょう。

　発表者が長い原稿を棒読みにして検討会の時間のほとんどを費やし、討論の時間がなくなることもありますが、こういう発表者は発表したという事実を獲得するのが目的で、他人の意見は聞きたくないと言っていることになります。こういうことにならないよう、助言者が発表を適宜途中で止めて、そこまでのところで討論できるよう促すことも必要です。

　発表のタイトルにも注意を払います。タイトルは発表者がその事例をどう理解しているかを端的に示すものです。また、面接経過の区切り方、各々の時期のタイトルにも注目し、発表者がどういう点に注目し、どういう観点から区切っているかを話してもらいます。あまりに細かく時期が分けてあるのは、発表者が全体の流れを把握できていないことを示しています。

　発表者（セラピスト）がどういう現実状況の中で、つまりどういう職場で、どういう立場で、どういう関係の中で仕事をしているかを知り、その中でできるだけよい仕事ができるよう援助することを心がけます。そのためには面接の過程を発表者と並んで見つめ、現実にできることを共に考えていく姿勢が大切で、特定の理論で上から切るというようなことはしません。面接内容に先立って、面接の場をどう作るか、周囲の理解をどう得るかといったマネジメントについて助言することもよくあります。助言が総論的、理想論的、観念的にならないように、具体的、実践的であるよう心がけます。必要に応じて専門用語も用いますが、できるだけ日常用いられるわかりやすい言葉を用いるようにします。

　クライアントの言動だけが述べられていて、発表者（セラピスト）がどう感じ、どう介入したかがふれられていないような発表もありますが、そういう発表に対しては、面接経過の中での発表者の気持ちや介入をできるだけ思

い出してもらい，それを専門用語ではなくそのときの言葉のままに語ってもらうように促します。たとえば「攻撃性を解釈した」といった表現ではなく，その時発表者が実際にどう言ったかを語ってもらい，その介入の背後にあるセラピストの気持ちを訊ねるようにします。

　また，面接過程の節目節目で，発表者がクライアントをどう理解していたか，何を感じ，何を考えていたかを問い，発表者がそのときは十分自覚していなかった気持ちや考えが助言者とのやりとりの中で語られるようになるとよいと思っています。検討会の場で，発表者の逆転移をどこまでとり上げ，どのように扱うかは助言者にとって難しい課題です。その検討会がクローズドのものかオープンなものか，参加者がどういう人たちかにもよるでしょう。逆転移を自覚してもらうことは必要ですが，それを発表者のパーソナリティや成育史まで立ち入ってとり上げることはしません。あくまで，それがそのクライアントとの面接過程にどのような影響を及ぼしたかという観点から議論するようにします。

　発表者の理解や介入が適切でないと思われる場合にはそこを指摘することになりますが，それに代る理解や介入を「私ならこう考える」とか「私ならこう言う」という形で示します。そういう代替案が示せないときは率直にそれを認め，「たしかにどうすべきか難しいですね」と伝えます。発表者が非難されたと感じて傷ついたり防衛的になったりしなくてすむように，広い見方ができるように促します。

　発表者を傷つけないように配慮することは助言者としての大事な仕事です。はじめて発表したときの助言者や参加者の言葉にひどく傷ついて，二度と発表しなくなる人もあるからです。とりわけ，助言者として招かれて，そのときの発表者や参加者がどういう人たちであるかをよく知らない場合には，発表者を傷つけないようとくに慎重でなければなりません。ある会で発表者が〇〇先生からも□□先生からも学んできたとあまりに沢山の師の名前をあげたので，私がもう少し師を絞ってその方から深く学んではどうかと

言ったところ，会が終わったあとその発表者から，「私の生き方を否定された」と怒りの手紙が来ました。私にはその人の生き方を否定するなどという意図はまったくなかったのですが，のちに考えると，学ぼうという意欲を評価し，それぞれの師から何を学んだかを問うべきでした。助言者というものは意図しないところで加害者になる危険性があることを知っておく必要があります。

　発表者の理解や介入がよいものであれば，それを評価することも大切です。とりわけ，発表者が意識しないでしている介入がよいものであるときにそれを見出し評価することが大切で，評価された発表者はそれまで無自覚的に行っていたその介入を今後技術として意識して用いることができるようになります。

3. 参加者に対する配慮

　参加者がただ聞いているだけでなく，検討会に積極的に参加（コミット）するよう促すことも助言者の仕事です。心理系大学院の検討会では，もっぱら教員が発言し，院生はただ聞いているだけになりがちです。私がある大学院に助言者として招かれたとき，発言を控えめにしていたら，出席していた教員の方々も私に遠慮してか発言が少なかった。その会が終わったときある院生から「今日は先生たちが黙っていたので，院生が発言しやすかった」と言われたことがあります。

　私がそこにいることで，発表者や参加者が心をひらき伸びやかに発言できるようになることが私の理想です。そのためには助言者が多くを語りすぎないようにし，参加者の発言に耳を傾けるという姿勢を示すことが大切です。その上で，参加者の発言を広げたり深めたりできるように，質問したり連想を述べたりします。ただし，謝礼をもらって助言をすることが多いので，あまり発言を少なくしていては仕事をしていないと思われやしないかと心配になり，つい多弁になってしまうこともあります。

参加者の発言の仕方にも注意を払います。学会などで，あれも聞いてないじゃないか，これも聞いてないじゃないかと事実関係をこと細かに訊く人がいて，発表者を責めるような雰囲気になることがあります。こういう質問にさらされていると，発表者はそんなことまでは聞いてないので答えられなくなり，困惑したり不安になったりします。たとえ答えられる場合でも，断片的情報の提供になってしまいます。また発表者の介入に対して，どうしてそういう介入をしたのか，そこでどういう気持ちになったのかと発表者を問いつめる人もあります。なかには，そんなことをしていてはクライアントが可哀想ではないか，なぜそんなことをしたのか！　と義憤にかられて発表者を責める人もあります。その多くは大事な質問や意見ではありますが，発表者にとっては覚えていないことも多く，なかなか答えられるものではありません。発表者はだんだん追いつめられて，その検討会が外傷体験になってしまいます。そうなると結局クライアントのためにもなりません。そういう質問者に対しては，質問の背後にある考えを述べるよう求めたり，質問者ならどう介入するかを訊ねます。そう問い返されると，質問のための質問をしている質問者は答えに窮するものです。
　参加者には，質問は少な目にし，与えられた材料から出発した連想や仮説を語ってもらうよう促します。それを聞く発表者は，断片的情報の提供者ではなく，共に仮説を考える人になることができます。
　参加者同士の関係にも注意を払います。参加者の間に競争心や功名心や嫉妬心があって，ある参加者の発言に覆いかぶさるように発言したり，その発言を遮って自説を主張したりする人もいます。そういう議論には割って入って，参加者同士が感情的対立に陥らないよう，議論が建設的になるよう介入します。
　一つエピソードを思い出しました。北山修先生がお若い頃分析学会で発表されたとき，その発表に関して，当時学会で東西の両巨頭と目されていたO先生とN先生が異なる見解を述べられたことがあります。両先生の議論が

白熱してきて、北山先生の発表に即したものというより、より全体的な見解の相違へと広がり、会場全体が固唾を呑んで見守るという雰囲気になりました。そのとき壇上の北山先生が首をすくめて頭の上で両手をヒラヒラと左右にふられました。自分の頭越しに両方から風が吹いてくるというジェスチュアで、その場の状況を端的に示しかつ批判したもので、それを見た参加者たちがすこし笑ったので雰囲気が和らぎました。北山先生はおそらく覚えていらっしゃらないでしょうが、会場にいた私は北山先生の機転に本当に感心しました。O先生とN先生の議論はレベルの高いものでしたから参加者には得るところがあったのですが、レベルの低いところで参加者の間に対立が生じると座が白けてしまいます。大学院の事例検討会に複数の教員が参加していて、理論的立場の異なる教員同士の議論が感情的になって、院生が置き去りになって何も言えなくなってしまうという事態を見聞きしたことがあります。参加者同士の対立が感情的なものにならないよう配慮をするのも助言者の仕事でしょう。

4. この会の成長と助言者の役割の変化

　この会のような比較的少人数の参加者による定期的に行われる検討会では、さらに考えるべきことがあります。この会は、その前身の会も含めるとほぼ15年間、大体は月1回行われ、私はそこで継続的に助言をしてきました。参加者も、多少の出入りはありましたが多くが継続的に参加しています。当初は大学院修士課程を修了したばかりの初心者の集まりでしたが、15年の間に参加者一人ひとりが成長してきました。また参加者の職場も精神科病院、総合病院、外来クリニック、学生相談室、大学院付属の一般向け相談室、スクールカウンセラーなどさまざまに広がりました。

　会の発足当時は精神分析的精神療法を伝えたいと思っていましたが、提示される事例は子どもから老年期のクライアントまで幅広く、また彼らの抱えている問題も実にさまざまで、精神分析的精神療法の適応となるような例は

必ずしも多くありませんでした。私自身が今まで関わったことのないような例が提示されることもありました。そこで，精神分析的人間理解を基礎に据えてはいるが，より広い立場から心理治療を考えていくことにしました。このことは私自身の見方を広げるのに役立ったと思います。

　この会の前身の会では，参加者の発言を促す試みとして，指定討論者をきめて，発表のあとまず指定討論者に討論してもらうやり方を試みました。このやり方は，私が所属しそこで育てられてきた名古屋大学精神療法グループで採用しているやり方です。そこでの経験では，指定討論がその後の議論を触発したり深化を促したりするのに役立ちました。しかしこの会では参加者が皆初心者なので，指定討論者がどう討論したらよいかが難しかったようで討論が深まらず，数回試みたあと結局中止しました。また，私の発言の少ないことが，私の見解を聞こうと思っている参加者には不満に感じられるようだったので，一時期私が積極的に発言するようにしました。ただ，私の独演会にならないように，参加者の発言をできるだけ促し，私はそれを広げたり深めたりするように心がけたつもりです。

　発表者にはレジュメを作るように求め，レジュメの作り方についても助言しました。その多くは発表者への配慮のところで述べたことと重なりますが，一つつけ加えると，治療中やレジュメ作成中に浮かんできたストーリーに縛られて，それを支持強化する材料だけを選んで書くことのないように注意すべきです。そうなってしまうと，それ以外の可能性を考える余地のない閉じたレポートになって，討論が貧しいものになってしまいます。またレジュメを作るということは自分とクライアントという二者関係から，自分とクライアントと発表を聞く人という三者関係に入ることになるので，あらためて面接過程を客観視し，大切と思われるところを抜き出し，それを第三者に伝わるように書くことが必要になります。これは，自分の言葉と文章について考える機会にもなります。

　レジュメは会の当日配布されるので，参加者も助言者もあらかじめ読んで

いるわけではありません。また面接過程の途中で区切って議論するので，その先どうなっているのかはわからないままに，そこまでの材料からクライアントの全体像をつかみ，その後の経過を予測することになります。ただし，全体を聞き終わってみると，当初の評価や予測は見当外れだったとわかることもあります。実際の治療では，セラピストはそのクライアントがどういう経過を辿り，どういう形で終結に至るかをわかっているわけではありません。わからないままに，その時点ですこしでもわかろうと質問したり解釈したりするのですから，検討会もそれに近いやり方でするのがよいと思います。

　時には，発表者が自身の持っている情報の一部だけを提示し，それだけの材料で，その事例がどういう事例かを参加者に質問するという形をとったこともあります。たとえば，家族構成を伏せておいて，ある時点で，どういう家族構成と思うかを問うとか，クライアントの職業を伏せておいて，ある時点で，どういう職業と思うかと問うといったやり方です。このやりかたの利点は，発表者が参加者からの質問に一方的にさらされる状況が生じないように，むしろ参加者の方が考えたり予想したりを求められるという点にあります。こういうやり方は神田橋條治先生がときおり試みられるようです。神田橋先生の会に参加したことのある人が私どもの会でもそのやり方を試みたことがありますが，どういう情報を伏せるか，どこで質問するかにかなり経験と熟練を要するようで，私どもの会ではもうひとつ議論が噛み合わなかったので，その後この試みをする人は今のところいません。またいつか試みたいとは思っています。

　いずれにしても，検討会のあり方が特定の指導者が指導する「権威型」ではなく，参加者が主体的に議論に加わる「参加者型」になってきつつあります。最近では，私も教育者，指導者というより参加者の一人として同僚と話し合うという意識に近くなりました。こういう私の態度の変化は現在の参加者にはごく自然なこととして受け入れられているようです。

　10年以上同じメンバーでやっているので，お互いの人柄もわかり気心も

知れ，参加者相互の信頼感も育ってきて，遠慮のない本音の議論をすることができるようになっています。ただし一方で，なんとなく馴れ合いになり相互批判が甘いものになったり，新しい見方が導入されにくくなる危険性があります。幸いメンバーの多くは他の事例検討会にも参加して，そこで学んだことをこの会に導入してくれています。これからも，この会の外でのさまざまな経験がこの会にも取り入れられて，この会がますます生きいきと成長していくことを願っています。

（成田善弘）

第3章

事例検討会を終えて

▶エッセンス

　"アフターカンファランス"という言葉があるように，事例検討会を終えた後，それぞれが胸の内にその会で繰り広げられた討論内容について熟成し，改めて眺め直す時間をもつものでしょう。会を終えた後の心の作業について，「発表者」「参加者」の立場から考えます。また事例検討会そのものを"成長する有機体"と捉え，事例検討会の成長を促す要因について考えていきます。

第1節　発表後に思うこと

はじめに

　発表が終わると，発表者は全員からの注目から解放され，自分の役割が済んだことにひとまずほっとするでしょう。ですが，それですべて完了した気持ちになることはまずありません。人前で発表したことが，また新たな気づきや感情を生じさせるためです。私の場合，発表を終え，会がお開きになった直後の感覚は，少し大げさに言えば，芝居を終えた役者が，観客の去った劇場に一人立ち尽くしている，というイメージに近いように思います。発表してはみたものの，果たしてあれでよかったのか，みんなはどう思ったのかと，気になってしまいます。およそ，無事終わってすっきり，というわけにはいきません。

　発表後に全体を通して見直し，自身の主観も掘り下げふり返ってみることが，臨床家としての感受性を鍛え，ひいてはそれがクライアントの理解を深めることにつながっていくものでありたいです。ここでは，発表後の"ふり返り"について，いくつかの視点から私見をまとめてみたいと思います。

1．発表をふり返る

(1) 場の雰囲気はどうだったのか

　自分の資料を読み終え，ふと顔を上げた瞬間，発表者はその場の雰囲気をどう感じるでしょうか？　読み終わってすぐに討論が始まるわけではなく，しばらく全体に沈黙が流れることもあります。参加者にとっては初めて触れる事例のため，各々，整理したり，咀嚼したりしているのでしょう。その少しの間が，皆で事例の余韻を味わっているような，じんわり深い雰囲気なのか，どこかひんやり，かたい雰囲気なのか。より少人数の検討会であれば，心が活発に動き出したとか，まだ固まったままとか，参加者の身体反応的に

発するものが，発表者にも何となく伝わってくるかもしれません。発表者が肌で感じたことは，自分の発表に対する考察を深めるためには欠かせないものです。参加者からこちらに伝わってくる雰囲気に，おや？と戸惑ったりした場合には，それを少し心に留めておくとよいと思います。

(2) 参加者の連想・感想・疑問が活発に出ていたか？

　私たちの会では，助言者から「皆の連想が広がるプレゼンテーションになるように」と言われてきました。私には，それが事例を発表する上での，とても大事なキーワードであるように感じられました。自分の発表のできを検討するには，まず"参加者の連想が広がったかどうか"をふり返ってみる必要がありそうです。

　私の，連想が広がるというイメージは，参加者も発表者の事例に深く入り込み，自身と重ね合わせたり，照らし合わせたり，また，その事例に触発される形で浮かんできた，他の事例のことにも思いを巡らせながら聞くことのできる状態です。ただ，発表者が毎回どの事例に対しても，同じような表現を使いまわしていては，"このクライアント"に感じたものが十分に表されず，参加者が連想を広げたくとも平板なイメージしか伝わらないかもしれません。発表者は四苦八苦しながら，できるだけそのときの感覚にぴったり添うような表現を探していきたいものです。

　河合（2003）は，「事例研究においては，発表者およびクライエント，そして参加者すべての主体性は生かされねばならない」と述べています。発表者が自分自身と向き合い，そこから生まれた言葉を聞くと，参加者も主体的に関わっていくことができ，おのずと連想や感想が増えたり，別の解釈なども湧いてくるのではないでしょうか。反対に，参加者からそういった発言が少なく，事実確認等の質問ばかりが目立った場合は（もちろん参加者側の要因もあると思いますが），もしかしたら，必要な情報が足りなかったというだけでなく，発表者の感じていたことや考えていたことが，参加者に今一つ

伝わらなかったというサインかもしれません。河合（1986）は，「自分自身の人格をも対象として見，それを記述することが必要であるが，これを単純に受けとって，安価な告白もののような文章を喜んで書くのではないことも留意しておかねばならない。失敗を隠さずに述べる，とか，クライエントに対する否定的な感情もそのまま記述するといった次元を超えて，あくまで，クライエントと自分の人格の対決のなかから生じてきたものから，いかに深い意味での普遍性をもつものを描き出すかという点において努力すべきである。そのような努力のなかに，むしろ知らず知らずのうちにそこに示される治療者の人格像こそが，読み手に対して深い示唆を与えるものである」と述べています。容易なことではありませんが，参加者からあまり連想が得られず，自分でも伝わらなかったと感じたとき，自分にまだ足りない"何か"があるのか，などと考えていくことも，私たちにとって大切なことだと思います。

2. 討論の内容をふり返る

(1) クライアントへの新たな視点を得て

　自分ではクライアントについて相当考えたつもりでいても，討論してみると，「あぁ，そういった見方もあったのか」と思うことがよくあります。発表者は討論を通じ，今まで自分が捉えていた枠から出て，新たなクライアントに出会うことになるのです。発表が終わってからも，討論中に言われたさまざまな視点を反芻することで，クライアントの全体像に奥行きが生まれていくのではないかと思います。

(2) 助言者や参加者からの意見を，今後の面接にどう活かせるだろうか

　助言者はもとより，実践を重ねてきた参加者からも，連想だけでなく具体的なアドバイスをもらえることがあります。発表者としては，討論で得られたものを何かしら今後の面接に活かしていきたいと思うでしょう。ただ私の場合は，"よいアドバイス"をもらうと，後々プレッシャーに感じることが

あります。"よい"ことなのだから，すぐに面接に取り入れていった方がいいだろう，そうしなければ，と気負ってしまうのです。自分の面接に自信がないときに，外からの言葉に揺れやすく，よさそうなものに飛びついてしまうのだと思います。しかし，その場の生きた言葉ではない"とってつけた介入"は，クライアントには何のメリットもありません。このことを，山中（2001）はいわゆる「症例検討会症候群」という言葉で，「それまでセラピストが全く気づいていなかったことどもを幾多指摘されて，その状態で，とくに継続中のケースの場合，次のセッションで，急に，これまで言いもしなければ，考えもしなかった幾つかの質問を発したりして，それまでの，セラピストとクライエントの間に，それなりに成立していた自然な『関係性』が，急に大幅に変更を余儀なくされたりして，『流れ』が変わってしまう事態をいうのである」と述べています。まさしく私が，自分には思いつかなかったが必要な介入だ，と思って，無理やり取り入れた結果，ちぐはぐなやりとりとなり面接が深まらなかった，ということを指摘された思いでした。やはり，他の人からのアドバイスは，自分の性格や今の技量，現在の面接の雰囲気を考え，自分なりにその活かし方を見つけていく方がよいだろうと感じています。成田（2013）も「大体は従来通りにやるつもりでよい。そのつもりでいても，本当に耳に響いてきた言葉はおのずと心に浮かんでくる。クライエントとかかわっているなかで，あの言葉はこういうことだったのかとあらためて実感する。それをすこしずつ取り入れてゆけばよい」と述べています。あまり慌てずに臨んでいけたらと思います。

(3) 言われたことと，言われなかったこと

先ほど，自分の発表をふり返るのに，参加者の連想の多少によって，気づきが得られることもあると述べましたが，当然，参加者が自分の考えをすべて発言しているわけではありません。大人数の検討会であれば，一度も発言せずに終わる参加者も多くいることでしょう。そう言う自分も，一参加者の

立場でやりがちなのは,「連想はしたものの,話し合いの流れを止めそうに感じ,言い出せなかった」「うまく考えがまとまらず,断念した」「言うほどの感想ではないと思ってやめた」「発表者を批判しているようにならないか,心配で言いづらかった」,などという理由で,発言しないことです。おそらく積極的に発言できる参加者であっても,似たような理由で言わないときがあるはずです。そう考えると,討論の中で自分のやり方や考え方に,否定的な意見が出なかったとしても,だから自分のやり方はよかったのだ,とは楽観視できません。また,評価してもらえたような発言があった場合も,もちろん嬉しく感じ,少しほっとはするものの,一方で「自分の資料の作り方に恣意的なところがあったのではないか？」「いかにもよい流れになっているように,切り取ってしまったのではないか？」などと,心許なくなってくることがあります。資料の作成中,「こんな介入をしていたことを,載せたくないなぁ……,でも大事な部分だろうなぁ」,といったような葛藤を抱いたことに,身に覚えがあるためです。また,反対意見や否定的な発言が出た場合も同様で,それがすべてではありません。自分のやったことに批判的な反応をされたということだけで,こちらが受けるインパクトは大きくなりがちですが,その強さに引っ張られすぎず,一意見として,冷静に受け止める努力をしていきたいと考えています。

　参加者に言われたこと,言われなかったこと,自分が出したこと,出さなかったこと。それらを思い返し,「本当はあんな意味だったかもしれない」「こう言われたのは自分がこうしたからかもしれない」と,ときに深読みしてみることも,いつか何かの役に立つかもしれません。なかなか安住できないところに自分を置いておくことは,私たちが"はっきりしない状態を持ちこたえる",一つの訓練になる気がします。

　助言者に言われたこと,言われなかったことについては,また少し別な思いを抱いています。少し前から,私たちの会の助言者は「みなさんの発言が増えて,私がなるべく話さずに済むようになればよい」というようなことを,

冗談まじりに言われるようになりました。そもそも助言者からの言葉は，重みがあり，私たちにとって影響力も大きいものです。そのため，当初は助言者のコメントがあまりもらえないと心細くもあり，私は少し寂しいような気持ちでした。ですが最近は，助言者が"極力語らないこと"は，自分が考えているよりもっと意味深いのではないかと，感じるようになりました。まだまだ未熟な私は，助言者に自分の至らない点について，皆の前でずばり指摘され注意されてしまえば，たちまち動揺し，自信をなくしてしまうでしょう。それを"指導的配慮"で，言わずにおいていただけていることも，山のようにある気がします。しかし，それだけではなく，やはり「言われない」ことで，助言者の YES でも NO でもないことを考え続ける，という意味が大きいのだと思います。人の助言を頼りにするばかりでなく，主体性をもって自分で考えていく。それはちょうど，クライアントがセラピストにあれやこれや言われないことで，自ら考えていくようになることに似ています。また，自分の語ったことに対して，助言者がよいとも悪いとも評価しないままに会が終了すれば，「あのとき，自分はああ言ったけれど，少しごまかしたな。きっとばれていただろう」「自分によいようにしか言わなかった私に，内心あきれていたのではないか」「どうしてあんな言い方してしまったのだろう……」などと，自分が発した言葉の真意を考え直し，一人で向き合うことになります。何も言われない方が，助言者に何もかも見透かされているように感じたりするので，不思議なものです。

(4) 回収した資料を見返してみる

　検討会で使用した資料は，発表者が回収します。自宅に持ち帰ったそれらを，見返す人は少なからずいるでしょう。手元に戻ってきた資料には，参加者がその事例に関わったさまざまな痕跡が見られます。参加者なりの工夫で色別に引かれている線もあれば，何カ所かの記述を関連付けるかのように，線で結ばれているもの，感想やコメントが短く書き添えられたもの，疑問に

思った箇所にクエスチョンマークが入っているものなどがあります。それぞれの参加者が書き入れたものから，その人が事例をどんなふうに追っていたのかが垣間見られて，大変興味深いです。自分が注目していなかった所に線が引かれてあったりすると，自分の見落としていた大事な部分かもしれないとも思え，改めて勉強になります。討論でのやりとりが終わっても，回収資料を通じて再び参加者とやりとりをしているような気分です。

　助言者から返却された資料も，じっくり見直します。助言者の疑問に思った点や，いくつかの仮説などが走り書きされていたりすると，それがすでに討論中に話されたことであれ，特別にコメントがいただけた気がして勝手にご褒美のように感じます。ですが，自分のこねくり回した，わかりにくい文章にクエスチョンマーク，誤った使い方の用語にクエスチョンマーク，といったようなものを発見すると，恥ずかしい思いがします。それでも，介入時の言葉のところに，思いがけず小さな丸が付いていたりすると，密かに嬉しくなります。わずかでも，ここは良かったのか，と素直に受け止められそうな部分は，大切にし，励みとしていきたいです。

3．自分自身についてふり返る

発表時，自分は正直だったか？

　発表時は，参加者からの質問や連想に対して一人で応答しなければならないこともあり，それだけで精一杯で，そのときの自分の姿や自分の反応の仕方にはほとんど目を向けられません。終わってから，やっと少し落ち着いて見つめ直すことができるのだと思います。

　面接で，自分がどのようにふるまい，どのような感情を体験していたかまで含めて発表するのは，皆の前に自分をさらけ出しているような感覚です。さらに討論となると，ふだんはセラピストとして，クライアントの内面に近づこう，触れようとしている側の自分が，逆に人から自分の内面に入って来られるような戸惑いを覚えます。内的体験を語るというのは，クライアント

にとってもこんな複雑な気持ちなのだろうかと思い巡らせます。マックウィリアムズ（McWilliams, 1999）は、「自分自身の感情過程に触れることなく人の主観的世界の有意義な理解を得ることはできない」とし、クライアントはセラピストに対して「人としての基本的な共通性や類似性を感じることのできない人だと判断したなら、自分が批判されることなく理解されたと感じることなどないと諦めてしまうだろう」とも述べています。人として、感じていても不思議はない気持ちに、セラピスト自身が正直に向き合うことが、クライアントと心を通わせることのできる大事な手がかりになるのだと思いました。

　発表によって内面が露わになる分、心は外からの刺激に対して敏感になっているようで、討論のときなどは、自分がふだんよりも守りに入りやすい感じがします。そのため、参加者から問題点を指摘されたように感じると、「私もそうは思ったのですが……」などと、とっさに自分を擁護するような言い方をしたりして、ごまかしたくなります。素直に話し合うような態度でなく、言いわけがましかったり、何とか取り繕って済ませようとしたりしてしまいがちです。発表する前には、ある程度、厳しいことを言われるのも、うまくやれていない自分が露呈するのも覚悟して臨むわけですが、そう思っていながらも、実際にはつい自分を守りたくなってしまいます。それを、できる限りしないでいられたかどうか、ふり返ってみなければなりません。弱い自分と向き合う作業は、決して楽なことではありませんが、傷つくことを過度に恐れて目を背けてしまったら、心理士としての成長はないでしょう。また、自分より経験年数としては浅くとも、しっかり考えられ、深い洞察をされる方はたくさんおられます。それでも、助言者やベテランの心理士からの指摘ならすんなり入ることが、若い人などから言われると、そこに気づけなかった体裁の悪さも混じり、素直に認められないといった、情けない自分がいたりもするのです。自分の年齢が上がってこようと、さまざまな人から学ぼうという姿勢を心がけておくことも必要だと感じています。

加えて，本来クライアントのための発表であるものが，あわよくば，"発表をしている私"を認めてもらいたいという気持ちまで潜んでいなかったか，探索できるとよいと思います。困難な面接をがんばった私，うまくいったように思える部分に注目されたい私，一生懸命まとめてきた考察を披露したい私など，内面を見つめれば，見たくなかった"自分本位な私"が見えてくることもあります。それらを含めて"自己を知る"ことになるのでしょう。

　資料の文章は，時間をかけ，自分の腑に落ちるまで何度でも手直しができます。一方，討論の場はそうはいきません。完璧な準備などできないまま，その時その場で尋ねられたことに対し，自分一人で何らかの返答をしなければなりません。その緊張や焦り，苦手意識もあって余計にうまくいかないこともあります。後から「相手に納得してもらえるような説明ができなかった」「あんなふうに言ってしまって，誤解されたかも」「本当はもう少しましなことが言えたのに」といった不全感や後悔の嵐が襲ってきたりします。ただ，もっとちゃんとしたことが言えたはずだ，というのは，単なる自分の思い上りです。とっさに出てこないようなものは，結局身についていないということなのだと思って，あきらめるしかありません。その上で，どう説明したらよかったのかを改めて考えみて，「あぁ，こう言えば伝わったのかもな」と思えたりすると，消化不良な気分は多少収まって，不全感が和らぐことがあります。

おわりに

　発表をふり返ってみたとき，どこか何かで不足を感じ，後悔や反省はつきものだと思うのです。ですが，河合（1970）は「反省することで問題が片づいたと思っているのではないか」，そこに「反省過剰な外見のもとに，努力をせずにカウンセラーをつづける傲慢さが内在しているのでは」と述べており，反省した自分に満足し，そこから考えていくことをやめてしまうような態度を厳しく戒めています。私は自分が反省過剰に陥りやすい傾向があると

感じるため，特に気を付け，実際に次につながる考え方をするよう心がけていきたいと思います。

　発表後は，さまざまな事柄が頭に浮かび，複雑な心境になり，矛盾した思いも抱えますが，それらを持ちこたえ，折々に考えていくことで，自分の糧としたいです。そして検討会の充実にも寄与できるよう，これからも歩みを続けていきたいと思います。

（三浦広子）

文　献

河合隼雄（1970）カウンセリングの実際問題．誠信書房．
河合隼雄（1986）心理療法論考．新曜社．
河合隼雄（2003）臨床心理学ノート．金剛出版．
McWilliams, N（1999）Psychoanalytic Case Formulation. Guilford Press.（成田善弘監訳，湯野貴子・井上直子・山田恵美子訳（2006）ケースの見方・考え方．創元社）
成田善弘（2013）臨床の方法としてのケーススタディ②．臨床心理学，増刊5号；31-36.
山中康裕（2001）事例検討と事例研究．臨床心理学，1（1）；17-20.

第2節　参加して思うこと

はじめに

　学びの多い検討会を作っていくために参加者の役割が大きいことは第2章第1節でふれています。こうした参加者の役割が発揮されるのは，その場での気づきだけではなく，検討会で感じたことを，会の後でさらに熟成させたり，他者と共有することで形をはっきりさせたりする過程もあってのことと考えられます。ここでは事例検討会を終えた参加者の立場から，私の場合どのような作業を自分の頭の中・心の中でして，自分なりの学び方や会への参加の仕方につながっているかについて述べてみたいと思います。

1. 感じたことを振り返り考える

　検討会が終わった後には，「よかったな」「すごいな」「さすがだな」「ああいうのもあるのか」「難しいな」「ああいう問題はどうしても出てくるな」「なんだかスッキリしないところがあるな」「（気になったところについて）あれは一体何だろう」「自分には今ひとつピンと来なかったな」と，いろいろな感想を抱きます。「どんなところからそのような感想となったのか？」と，感想のもとを少し考えてみます。すると，自分がその検討会で何に興味を抱き，何に注目していたかがより明らかになります。一方で，ぼんやりと感想とともにどんなことが想い出されるか待ってみることもあります。また，わからなかったことや気になったことも忘れようとはしないで心の中にストックするのも意外と大事なことです。

　また，検討会で提示された事例から連想した自分の担当事例や気になったことをさらに考えてみることがあります。検討会を終えてから考えることで，今までとは違った視点から検討することができるようになります。たとえば，職場や環境の違い，個人の経験や資質・持ち味による違いを越えて，臨床の場における姿勢など，どこか見習えることやできそうなところはあるだろうか。その事例における発表者のことを思い返して，思い巡らせてみます。そうすると，改めて発表者のよいところへ具体的に思い至ります。自分とは違うところも感じます。自分にできそうなこと，やってみようと思うことをとりだしてみます。あるいは，できないと思ってもそれがいずれどこかで役に立つかもしれないと思って心にとめておくようにします。

　また，言葉にならないけれど気になったことについては，それがどんなふうかもう少し感じとってみたり，会で出た意見や自分の思ったこと，気になった点を改めて頭の中で反芻してみたりします。わからないからといって切り捨てず，この「気になった感覚」をどこかで覚えておくようにします。そうすると，時間を経たあるとき，つながる感じがしたりひらめいたり腑に落ちる体験をしたりすることがあります。

他の参加者の発言からも，その人の経験や仕事の一端を垣間見られることがあります。そんなとき，自分の甘さに気づいたり，刺激されたり，それぞれのキャリアの違いを感じたりします。そこから仕事の仕方など自分の在り方について考えることにもなります。

　あの場合に講師はこうするのかと，意外に思うこともあります。検討会の後で改めて，自分にそれが実行できそうか考えます。そうすると，意外に感じた理由やなぜ自分がそうしづらいのかがより明らかになり，日常の姿勢を見つめ直す機会ともなります。考えの偏りや思い過ごしに気づいたり，日々の臨床における姿勢の望ましくない常態化や矮小化傾向に気づいて，柔軟性をとり戻すきっかけにもなり得ます。私たちの事例検討会では，ずっと同じ講師に依頼しているため，助言される内容のいくつかは今までにも言われたことのある内容も出てきます。それにもかかわらず，「あぁ，自分はできていないな」と，思うことがあります。月に一度そのような再認識を繰り返す中で，身についたこともあります。

　面接のことを普段は一人で抱えることが多くなりがちなため，他の人の姿勢や現場での在り方，やり方を見聞きすることで勇気づけられ，支えられます。また，なんだか煮詰まっていた日常がリフレッシュできた感じのすることがあります。同じ志向の人たちとともに過ごすことの効果なのでしょうか。検討会の後に感想を述べあうことで，そのときの自分の偏り具合や，上手く言葉にならなかったもののヒントなどに気づいたこともあります。このような感覚をひととき味わうのも検討会の後ならではといえましょう。

　また，会が終わりその場を離れてから，より自分の身にひきつけて考えてみることができるようになります。会のあとになると，出された事例そのものというより，発表した人のセラピストとしての在り方を思うことが多くあります。「あのような事例が回ってきたときどうするか？」「はたして自分のところに回ってくるだろうか？」と考えたとき，よく思うのは，発表者が普段その職場で信用されているからこその事例だろうなということです。心理

士として職場での振る舞いや在り方，仕事の仕方の細やかさに改めて敬意を覚えることがしばしばあります。そう思える方と同じ検討会に参加できていることはありがたいと思っています。こと私たちの仕事では，近くで働いている人の振る舞いや姿勢から大事なことを学ぶといわれます。たとえば鶴と小川（2007）は「臨床の現場で印象に残ったこと感動したことが，（中略）自分にはなかった他者の臨床センスに出会い，その体験を自分の活動の糧にしたことは事実である」，氏原（2007）は「優れた精神科医と一緒にいるだけで，ずい分と影響されるものだなと実感した。（中略）通常，心理士が医師と接触するのとは違った形であったが，共同研究室での何気ないやりとりにも，感じさせられるところが少なくなかった」，成田（2010）は「師から直接こういう姿勢が大事だと言われたわけではないが，師の近くで仕事をし，患者やスタッフに対する師の言動を見聞きする中から，そういう姿勢がごく当然のことだとおのずと思うようになった」と述べています。私の場合，検討会の後におけるこういった体験もこれと似たものではないかと思っています。その度に自分の日頃の姿勢を振り返り，気を引き締める大事な機会ともなっています。

　参加者の発言が適切であったかを考えることも必要だと思います。発言が少なかったあるいは多すぎたとしたら，どうしてかを考えながら，この会の傾向や今後気をつけた方がよいかもしれないと思われる点を見直し，考えてみます。たとえば，私たちの検討会では共感性の高い参加者が多いため，共感だけで終わらずに，発表者やクライアントの困っていること・知りたいことにも関心を向けて考えようと思うことがあります。そこから会における自分の在り方も意識することになるでしょう。

2. 発言を中心に，会での在り方をかえりみる

　「自分の頭で考えることができていただろうか？」「同情しすぎた聴き方になっていなかっただろうか」「なぜ違和感を感じたのだろうか」。検討会の場

における自分を省みることで，そのときの自分がどういう状態にあるかを改めて認識することにつながります。

そこで検討会で参加者として発言する，発言しないことについて少し思うことを述べてみたいと思います。

まず，発言した場合には，発言した内容やタイミングがまずかったのではないか，自分の承認欲求や発散のために発言していなかったか，発表者や他の参加者の貴重な時間を無駄に奪ってはいなかったか，と考えることがありますし，言わなければよかったなと思うこともあります。こういうことを省みて今後の自分にとっての注意点としています。

次に，発言できなかった場合には，なぜ言えなかったかを考えます。自信がなかった，言葉にまとめられなかった，タイミングがつかめなかった，会の議論と自分の気になったことがずれていた，自分の思ったことが少し場にそぐわないように感じ気がひけた，気にするようなところではないのだろうか，など，いろいろと考え考え過ごします。そうすると，そのうちみえてくることがあると思います。上手く発言する他の参加者の発言の仕方を思い起こし，次の検討会から意識して聞くようになります。そこから学ぶこともあると思います。

発表者や他の参加者の発言にひとしきり感心したあと改めて，あのようにできるのは日頃関心を持って勉強している，自分の頭で考えようとしている，その人なりの現場で鍛えられているからだと気づきます。そして，今の自分にできることとして，自分なりに考えるようになりました。

他の人の意見を聞き，その場で考えるという発表者の開かれた姿勢に感心することがあります。会のあとに，それを自分がするには何をどうするとできるのか・どんなことに気をつければよいか考えます。おのずと自分の発表のときの在り方，心情，癖を知り，気をつけたいと思うようになりました。

また，意識的に発言しない場合もあります。そのようなとき，持ち帰ってさらに検討することがあります。他の人の意見を反芻して，なぜ自分の意見

を控えたか理由を考えます。そうすると，自分と他の参加者との置かれている状況や関心のあり方，視点の違いに気づくこともあります。その上で，どうするか，どう考えるかがでてきます。私の場合，初期からある程度の途中の時期まで，しばしば自分の思いつくことや気になることが他の人とずれていると感じることがありました。会が終わった後に「今日の議論はこうだったが自分はちょっと違うところを考えていたな」と思いました。なぜかを考えたとき，日頃の臨床で何を気にしているか，何を重視して取り組んでいるかの違いがあるのではないか，と思うことがありました。しかし，それからさらにしばらく経ったとき，以前ほど他の参加者とのずれを感じなくなりました。他の参加者と自分の関心のありかが近づいた感じがし，以前よりも発言してよいのかもしれないと思えて，それ以降少しずつ会で発言できるようになったと感じています。

　ここである体験を一つ紹介します。複雑な家庭環境に育った思春期のクライアントの事例のときのことでした。質疑の多くは情報収集やそのクライアントの親子関係を考えるためのものに集中していました。もちろん，それらは面接について考えるために重要な手掛かりとなりますし，聞けるように意識できた方がよいことと思われました。しかし，面接で得られている情報には限りがあります。私の中では，クライアントがどう生きるかに困って面接にきているのでは？と思えて，そのことについても，目を向けた方がよいのではないだろうかという思いが頭をもたげてきていました。しかし私自身そのことを発言せず，議論を聞きながら考えているうちに，その日の会では話題に上らないまま終わりました。それから少し経った頃に，職場の先輩とその職場での面接の話をしていたときのことです。先日の検討会の事例と同様に，複雑な環境で育った思春期の事例でした。いろいろな対象関係や環境の問題が考えられるけれど，今そのクライアントが面接に何を求めているかを考えた上での面接の運びが必要だろうねという話となりました。その際に，私は先日の検討会でのことを思い出し，先輩に「似たような事例の面接の場合にクライア

ントが今何に困って来ているのかにも目を向けた方がいいですよね……？」と確認をしてみたところ共感を得られて少し安堵した覚えがあります。

　この体験において、検討会の皆とその職場での私や先輩とでは、普段求められている仕事の違いがあり、何を重要として取り組むかが違うのかもしれないと思えました。そのため、自分だけがずれているのでは？と思えて検討会では気になりながらも何も言えずに過ごしました。しばらく経ったあるとき、検討会で議論が静まり沈黙が続いたことがありました。その沈黙を味わう中で、「ひょっとしたら気になっていた視点からの発言をしても、そうおかしなことにはならないかもしれない」と思い、「こういう見方はどうだろうか？」と言ってみました。そのとき、さいわい私の発言は否定されず、その内容について一緒に考える姿勢をとってもらえたことで、ずっと抱いていた私なりの疑問は間違っていたわけではないと思えて、それまで自信のなかった私は救われた思いをしました。

　このような体験を経て、なんでも言えばいいものではなく、言わないで考えを熟成させているうちに、自分の考えが開けることもあるし、沈黙しながら他の人の意見に耳を傾けるのと、発言するときとの見極めやバランスが大事だと思うようになりました。これは検討会の後にいつも振り返って気にしていることでもあります。このように、いつ何を発言するか発言しないかはよくよく熟考しながら、その場の議論と雰囲気をみて判断するのがちょうどよいこともあると思いました。

　また、検討会での議論が今ひとつと思っても、自分からは出てこない発想や、自分の臨床だけでは気づけないようなことが聞けるありがたい機会ととらえていたので、検討会をやめようという気にはなりませんでした。そのおかげで先に述べたような体験を得られることにもなりました。おそらく、検討会の場をどれだけ自分にとって実りのあるものにするかは、検討会の最中だけでなく会の後でも、何かを得ようという姿勢と、常に自分に足りないものを気にしている態度が必要なのでしょう。

おわりに

　こうして振り返ってみると，検討会に参加した後でも，自分について，自分の事例について，自分の過去の経験について，さまざまに考えることが多いと気づきます。検討会そのものもそうですが，検討会の後にもいろいろと考えや思いを巡らせること，はっきりしないけれどそのまま気になることにしておく体験をしていくことが，実際の事例や臨床の場で想いを巡らせながらいることや，はっきりしないことに耐えること，葛藤を抱えながらもやっていくという臨床家に必要な姿勢を身につけることにつながっているのかもしれません。

　もちろん事例についても，検討会の後で自分が取り組んだことのある事例や現在取り組んでいる面接のことを，こういう面もあったのだろうか，など新たなヒントとともに思いをはせてみることがあります。検討会で何か参考になりそうなものが得られたような気がして，いざ自分の事例でどうかと考えたときに，思ったほど取りいれられず少し残念に思うこともあります。しかし，この場合にもやはり事例についていろいろな機会に見直し，視野狭窄に陥らないようにする練習になり，必要があればその都度見立て直しをしていくという臨床で必要な作業の土台となっていくのではないでしょうか。

　ここで私の述べたことは，検討会の最中に終えているという人もいるかもしれません。しかし，私の場合には，会の直後やそれより後のふとしたときに考えることで気づけたことがあったと言えます。検討会と参加者は成長したり時を経ることで変わっていくところがあると思います。その都度，会で感じることや参加の仕方における適度さも変わっていくでしょう。その中で，常に参加者としてできるだけ適度な発言や適切な参加の仕方をしようとする姿勢がより良い会を作ることにつながると思います。そのためにも，会の後で，後悔も落ちこみも含め，思い浮かんだことをある程度切り捨てずに保ち続けることは，意味のあることと思います。

（宮崎美穂）

文　献

成田善弘（2010）精神療法家の訓練．精神療法，36（3）；342-346．
鶴光代・小川幸男（2007）臨床の現場からの学び．臨床心理学，7（1）；54-58．
氏原寛（2007）生涯学ぶ心理臨床．臨床心理学，7（1）；59-64．

第3節　事例検討会は成長する

はじめに

　「成長」を『広辞苑』（第6版）で引くと「育って大きくなること」「育って成熟すること」と書かれています。企業で言えば営業収益，経常利益の増大，設備・従業員数の増加をさすのでしょうが，ここで取り上げる事例検討会の場合は「育って成熟する」に該当すると考えられます。それでは事例検討会が育って成熟するというのはどういうことになるのでしょうか。

1．事例検討会の成長とは

　グループは生ものと言われることがあります。それは一所にとどまることなく，同じように見えても，いつも変化しているからではないでしょうか。事例検討会も同様に，参加者一人ひとりの内側で起こっていることは常に変化し，相互関係，グループダイナミックスが働いているためと考えられます。
　事例検討会という集団（グループ）の成長について，いくつかの集団発達のモデルから，ギブとタックマンの2つのモデルで考えてみたいと思います。

2．ギブの理論

　ギブ（Gibb, 1964）は，多種多様な違った種類の多くのグループを研究した結果，すべての社会的相互作用の中に，他者との関係の中での恐怖や不信頼に由来する4つの懸念（concern）があると仮定しています。

◇受容懸念（acceptance concern）
　自分自身や他者をグループのメンバーとして認めるかどうかに関わる懸念です。グループ形成の初期には，特に顕著に見られます。お互いの間に「何者であるか」「自分はふさわしいか」といった恐怖と不信頼が存在しています。通常の集団では社会化を通して作りあげられた「見せかけを装うこと」でこの懸念を隠しておこうとすることが多くみられます。

◇データの流動的表出懸念（data-flow concern）
　コミュニケーションに関する懸念で，意志決定や行動選択するときに特に顕著にあらわれます。何を感じているのか，こんなことを言っていいのか……などのようにメンバーのものの見方，感じ方，態度などをコミュニケートする際の恐怖や不信頼に由来するものです。この懸念を解消すると人々は不適切な憶測で行動することをやめ，より適切なデータの収集と表出に基づいて行動できるようになります。

◇目標形成懸念（goal formation concern）
　この懸念は，生産性と関連しており，「グループが今やっていることがわからない」とか「やらされている感じがする」など，個人やグループに内在する活動への動機の差異に基づく恐怖や不信頼に由来しています。この懸念が解消されると，本来の動機にもとづいて行動し，課題への取り組みが主体的創造的になります。

◇社会的統制懸念（social control concern）
　この懸念は，「誰かに頼りたい」「思ったとおりにできない」「規則にこだわってしまう」など，メンバー間の影響の及ぼし合いに関する懸念です。この懸念が解消すると役割の配分が自由に適切に行われ，変更も容易になり，お互いが影響を及ぼし合いながら効果的に活動を展開してゆくことができるようになります。

　ギブは，4つの懸念が社会的構造の内に生起する場合，受容－データの流動的表出－目標形成－社会的統制の順にそれぞれが発生し低減していくと述

懸念	【問い，気がかり（懸念）】	【未成熟集団の特徴】	【成熟集団の特徴】
受容懸念	・私は何者か ・あなたは何者か ・どのようにしてメンバーシップを獲得すればよいか ・どのようにすれば他の人から重要なメンバーと見られるようになるか	・自分不信 ・他者不信（考え込む，自信がないので言えない）	・相互信頼 ・相互受容
データの流動的表出懸念（コミュニケーションに関する懸念）	・私はどのように動けばよいのか	・遠慮，おそれ，不安 ・いんぎんな見せかけ ・なれ合い，妥協 ・自己防衛 ・知的レベルのコミュニケーション（観念的・抽象的）	・自由，率直・素直 ・主体的，自主的 ・対決（摩擦，葛藤）をおそれない ・共感的理解 ・フィードバックOK ・感情レベルのコミュニケーション（現実的）
目標形成懸念	・何をしたいのか ・何をやったらよいのか ・共通のテーマを見つけることができるか	・無関心（メンバー，目標に関して） ・ばらばら ・外に目標を捜し求める	・関心が強い ・個人の目標の統合 ・内に目標を求める
社会的統制懸念（リーダーシップに関する）懸念	・ここで起こっていることをどのように統制できるか ・このグループのボスは誰か ・このグループの他のメンバーにどのようにすれば影響を与えることができるか	・依存，反依存 ・固定的（リーダー行動，役割） ・手続き，ルールを外に求める ・規範にとらわれる	・相互依存 ・流動的 ・ダイナミックな動き ・手続き，ルールを自らつくる ・いま，ここに生きる

図 3-1 効果的なチーム（組織）の特徴……集団の成長とは（星野, 2007 を一部改変）

べており，受容懸念の解消の度合いがベースになります。ただ，この基本的ヒエラルキーもそれぞれの懸念が同時的かつ相互依存的に発展していくものであるため，4つの懸念の低減が相互に働き合ってグループは成長していくと考えられます。

　ギブはこうしたグループの成長とあわせて，メンバー一人ひとりの成長があると考えています。これらをもう少しわかりやすくまとめたものが図3-1になります（星野，2007）。

　また，津村と山口（1981）はギブの4つの懸念のモデルにもとづき，グループの成長・発達過程を診断するための尺度を作成し，その妥当性を検討するとともに，学生のTグループ発達に関する考察を行っています。4つの懸念を低減するような働きかけが起こるとき，個人およびグループは変化成長すると考察しています。

　懸念の低減傾向があまり見られないグループは，信頼の風土を形成しそこね，グループの魅力も低下し，パーソナリティの自己認知もネガティブな方向に変化してしまう傾向があることを見いだしています。一方，懸念が低減したグループ，すなわち相互信頼を形成することを体験したグループでは魅力度は高くなり，パーソナリティの自己認知もポジティブな方向に変容することが起こっていると述べています。

3. アンケートの実施

　事例検討会の成長について，参加メンバーがこの10年間の変化をどのように感じているかを測定するために私たちの事例検討会でアンケートを実施しました（資料3-1　アンケート）。アンケートの問1の尺度は，津村と山口（1981）が，ギブの4つの懸念を測定するために作成した尺度のうち，各懸念を代表する2項目とグループへの魅力を測定するための尺度の計9項目から構成されています。懸念は低い1から高い7まで，7段階で評価しています。発足時については，今回，本稿をまとめるにあたり，参加者に参加当初

資料 3-1　アンケート用紙

倭木の会アンケート

1. 研究会の中での私は
　① 不安でたまらない　　　　　　　1—2—3—4—5—6—7　安心していられる
　② 自分の意見や考えを隠して　　　1—2—3—4—5—6—7　自分の意見や考えを隠さずに
　　 言わないことが多い　　　　　　　　　　　　　　　　　　言うことが多い
　③ 研究会で話し合われている　　　1—2—3—4—5—6—7　研究会で話し合われているこ
　　 事に関心がない　　　　　　　　　　　　　　　　　　　　とに関心がある
　④ 誰かに頼っていたい気持ち　　　1—2—3—4—5—6—7　お互いに頼り頼られていると
　　 のみが強い　　　　　　　　　　　　　　　　　　　　　　感じている
　⑤ 自分の考えや行動が無視さ　　　1—2—3—4—5—6—7　自分の考えや行動が大切にさ
　　 れることが多い　　　　　　　　　　　　　　　　　　　　れていると感じる
　⑥ 何かを言う時にあいまいに　　　1—2—3—4—5—6—7　何かを言う時にぼかさないで
　　 ぼかして言うことが多い　　　　　　　　　　　　　　　　言うことが多い
　⑦ グループに参加している実　　　1—2—3—4—5—6—7　グループに参加している実感
　　 感が弱い　　　　　　　　　　　　　　　　　　　　　　　が強い
　⑧ 特定の人の影響のみが強い　　　1—2—3—4—5—6—7　お互いに影響し合っている実
　　 と感じている　　　　　　　　　　　　　　　　　　　　　感がある
　⑨ グループに全く魅力を感じ　　　1—2—3—4—5—6—7　グループに非常に魅力を感じ
　　 ない　　　　　　　　　　　　　　　　　　　　　　　　　る

2. 研究会はグループとして　　　　　1—2—3—4—5—6—7　非常に成長したと思う
　 成長しているとは思わない
　　☆どのような点でそう思いますか：

3. あなた自身の個人の変化、成長についてどのように感じていますか

4. 今後の研究会に望むことは…

5. その他自由にお書き下さい

を思い出してもらって得られた数値となります。参加者は，発足時からのメンバー（8名），と比較的近年加わった者（2名）とで構成されています。4つの懸念で示したものが，表3-1「各懸念の平均値の変化」と図3-2「懸念と魅力の変化」のグラフであり，現在との差が示されています。

　4つの懸念はいずれも参加当初より現在の方が下がり，グループへの魅力度は反対に上昇していることがわかります。

　受容懸念は，発足時は3.4であったのが，現在は2.0と低減しています。この事例検討会の場合，お互いが顔見知りでのグループではありましたが，当初は発表者としても参加者としても，ともに緊張感を抱いていたことがうかがわれます。個々で見てみますと，発足時は1〜5と幅広くなっていますが，4〜5が5人となっており（表3-2），「どう見られるのだろうか……」といった思いを抱いていたことが推測されます。それが検討会も回を重ねていくことにより，お互いがわかり，発言しても尊重されると感じることができていったと思われます。会のサポーティブな雰囲気が，時の経過と共により実感できるようになっていったと思われます。

　ここでは，最初から参加しているメンバーと途中から参加したメンバーとの間に大きな差が見られませんでした。「自分がこの会にいてよいのだろうか……」という不安の度合いは，この会では所属期間の長さよりも，参加当初は誰もが持ちやすいということと，個人によって異なるということがわかりました。

　データの流動的表出懸念は，発足時4.0，現在2.3で，いずれも4つの懸念の中では高くなっています。発足時は，自分の考えに自信が持てなかったり，こんなことを言っていいのだろうかと迷っていたり，ということが考えられます。参加者個人のデータでみてみますと，懸念の数値が1.5〜6と幅広くなってはいますが，半数の参加者が5〜6への回答となっています。しかし，現在は1.5〜4.0と低減したのは，経験を重ねることにより，会に対する安心感とも関連して，事例に対する自分の考え，見方，捉え方に対して

表 3-1　各懸念の平均値の変化

懸念の種類	発足時	現在時
■受容概念	3.4	2.0
◆データの流動的表出懸念	4.0	2.3
▲目標形成懸念	2.5	1.2
●社会的統制懸念	3.7	2.1
○グループへの魅力	5.7	6.6

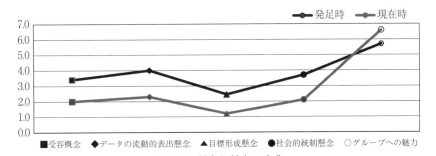

図 3-2　懸念と魅力の変化

表 3-2　懸念と魅力のアンケート結果の集計

氏名	■受容概念		◆データの流動的表出懸念		▲目標形成懸念		●社会的統制懸念		○グループへの魅力	
	発足時	現在時	発足時	現在時	発足時	現在時	発足時	現在時	発足時	現在時
A	2.0	2.0	3.0	2.5	1.5	1.0	2.0	2.0	6.0	6.0
B	1.5	1.0	2.5	2.0	1.0	1.0	3.0	2.0	6.0	7.0
C	3.5	1.0	5.0	2.0	2.5	1.0	4.0	1.5	6.0	7.0
D	3.0	1.5	4.0	2.5	2.5	1.5	4.5	2.0	5.0	6.0
E	5.0	2.0	5.5	2.0	1.5	1.0	3.0	1.0	5.0	7.0
F	5.0	4.5	5.0	4.0	4.0	2.5	5.0	4.5	6.0	6.0
G	4.0	2.0	6.0	3.0	3.0	1.0	4.0	2.0	5.0	6.0
H	4.5	1.0	5.5	1.5	5.0	1.0	5.5	3.0	5.0	7.0
I	4.5	4.0	2.0	2.0	2.5	1.0	5.0	2.0	6.0	7.0
J	1.0	1.0	1.5	1.5	1.0	1.0	1.0	1.0	7.0	7.0
平均値	3.4	2.0	4.0	2.3	2.5	1.2	3.7	2.1	5.7	6.6

自信が持てるようになり，発言することへの迷いが減ったためと思われます。

　懸念の一番低いのは，目標形成懸念です。エンカウンターグループやTグループのような集中的グループ体験では，場所と時間，メンバーのみが決まっていて，何を話し合うか，あらかじめテーマが決まっているわけではなく，参加メンバー個々の参加動機，個人的欲求もさまざまです。事例検討会では当初から目的そのものがはっきりしているため，開始時からこの懸念が一番低く，2.5となっており，現在も1.2と大きく変化しています。

　社会的統制懸念は3.7から2.1へと低減しています。この懸念は上述のとおり，誰かに頼りたい，思ったとおりにできないなど，メンバー間の影響の及ぼしあいに関する懸念ですが，当初は自分の考えに対する自信のなさ，うまく表現できないなど，こんなことを言ってどう思われるか，などの思いから発言を躊躇したり，他のメンバーを気にして発言の機会を窺ったりするなど，発言の偏りがかなり見られました。特に講師に対する信頼度の高さが，そのまま講師の発言を待つ姿勢となり，検討会での発言の影響力の差を感じていたのではないかと思います。事例検討会が回を重ねるとともに，個々のメンバーの自発的発言が増え議論が活発になっていき，講師からの助言も変化したことで影響力の差が縮まり，この懸念も低減したと考えられます。次頁に参加者個別について，発足時と，現在の懸念を図3-3と図3-4に示します。

　次に，グループに対してどの程度の魅力を感じているかを示す魅力度について考えてみたいと思います。グループへの魅力度は当初から5.7と高く，現在は6.6へとさらに上昇しています（表3-1・図3-2参照）。これは第一目的である，事例検討会での検討のあり方そのものとそこに付随する参加者，講師といった構成メンバー，つまり人的要素を含んでの魅力・満足度と捉えることができます。さらに参加費に見合う学びを得ることができているのか……といった会費の問題，会の運営のあり方，交通手段，地理的条件など通いやすさに関する場所の選定などさまざまな要素も加わっての総合的評価になっていると考えられます。

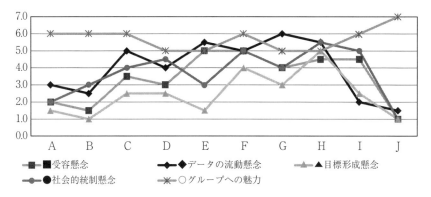

図3-3　発足時懸念と魅力の変化

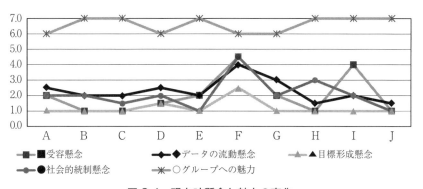

図3-4　現在時懸念と魅力の変化

　この魅力度は，事例検討会の継続年数の長さに比例していると言っても過言ではないでしょう。

　これまで，ギブの4つの懸念について考えてきましたが，次にタックマンのモデルにそって，チーム形成のプロセスで考えたいと思います。

4. タックマンのモデルで考える

　タックマン（Tuckman, 1965）は，チーム形成のプロセスを4段階で説明しましたが，後の研究で最後の散会期を加えて5段階とし，グループの終結

表3-3 タックマンのモデルと当会

	タックマン	当会
1. 形成期 （Forming）	メンバーが決定し，チームの目的や課題を共有する。お互いのことをよく知らない。どんな行動が受け容れられるか試しながら，一方で指導者や有力なメンバーに依存的な行動をとろうとする。	検討会発足にあたり，呼びかけるメンバーの範囲が限定されていたため，互いに顔見知りであり，それぞれをある程度わかっていた。目的もハッキリしていたが，それでも当初は会の中でどのような言動が受け入れられるかという不安や，指導者への依存が見られた。
2. 混乱期 （Storming）	チームの課題を解決するアプローチを模索する時期。メンバー間で考えや価値観がぶつかり合う嵐の時期。	混乱を特に避けたわけではないが大きな混乱と言えるものは見受けられなかったが，参加者の個人的都合や，欲求の違いがあったのではと思われる入れ替わりがあった。
3. 統一期 （Norming）	チームとしての行動規範や役割分担が形成される。メンバーがお互いの考え方を受容し関係性が安定する時期。	参加者の臨床現場はそれぞれ異なるが，臨床に対するオリエンテーションがほぼ同じであるため，お互いの理解がしやすく，統一期を早い時期に迎えることができた。
4. 機能期 （Performing）	チームとして機能し，成果を創出する時期。チームに一体感がうまれ，チーム力が目標達成に向かう状態。	参加者が相互に，臨床現場をはじめ，アプローチの特徴などをおおよそ理解しており，提供者の役に立てるような討議となっていった。事例提供者は事例に対し，理解を深めるという成果をあげることができ，参加者もその事例を通し，多くの学びを得ることが可能となっている。
5. 散会期 （Adjourning）	行動規範が確立。他人の考え方を受容し，目的，役割期待等が一致しチーム内の関係性が安定する。（目的達成，時間的な理由，事態の変化によって関係を終結）	当会のノームがあり，互いが理解し合い，尊重し合っている。 参加メンバーの入れ替わりはあるかもしれないが，全員がこのまま会の継続を望んでいる。どのように終結させるかが，この会の今後の課題と言えるであろう。

をいかにするかも大切であると述べています。タックマンのモデルに照らし合わせながら私たちの事例検討会を考えてみたいと思います（表3-3）。

表3-3からわかるように，私たちの事例検討会もタックマンのモデルが示す各ステージに添って，発展していることがわかります。現在は機能期に位置し，グループとして凝集力を持ち，それぞれの違いを包含しながら事例検討会として協働し，機能していると考えられます。

5. 参加者の意見から考える

次に，アンケートより，参加メンバーの個人的な見解から私たちの事例検討会の成長をみてみたいと思います。

これもアンケートの問2で，「成長しているとは思わない」～「非常に成長したと思う」までを7段階評価で尋ねたところ，6,7の回答が8名，4,5と回答したものが2名となり，平均6.1で成長を認めていました（表3-4）。参加年数により評価に差が見られましたが，成長していると感じる度合いが少ないというより，参加している期間が短いために「よくわからない」という回答になっています。「どのような点でそう思いますか」と質問していますので，その理由をみていきたいと思います。

表3-4　事例検討会の成長

メンバー	A	B	C	D	E	F	G	H	I	J	平均
	5	7	7	6	7	4	6	6	6	7	6.1

〈発言に関して〉

○参加者の発言が増え，互いに補足しあうような形や，議論に発展する形が多くなっている。

○自発的意見が増え，検討が活発になっている。

○さまざまな意見が出やすくなった。

○それぞれが思うことをある程度言えるようになってきている。

○自分の意見としての発言になっている。
○参加者の臨床経験による成長が発言内容の変化に繋っている。
○メンバー間の発言が一方通行でなく，対話，全体での討議になっていることが多くなってきた。
○年数を経て現在では，研究会で他者の意見や連想を聴くことで，その場でまた新たな連想や意見が自分の中に生じてくるという体験を重ねることができている。
○違った解釈や意見が出た際にただ黙ってしまうことが多々あったが，最近では黙って終わるというよりはそれぞれの可能性を共に考えてみるような，考える余地のある感じで終わるようになってきたように思います。
○参加者自身の経験や力量の向上によって，全体的に理解や共感できる幅が広がり，皆で共に考えたり悩む姿勢がもてるようになった。
○ここ数年は講師の意見と同時にお互いの意見もとても貴重で，それがまたさまざまな気づきにつながっていると思うので，グループとしての成長を感じます。

〈講師の助言について〉
○最初のうちは，自分の考えを発言しても，最終的に講師がどうおっしゃるかを待っていたような雰囲気があった。
○会の最初の頃はどこか講師に頼っている部分が多かった。
○教育的割合が減っているように感じる。
○指導的なコメントが多かったように思いますが，指導というニュアンスが段々薄まっているような気がします。これは参加者の発言力の向上やグループが成長したからかと思います。

〈生産性・相互関係について〉
○メンバーの発言が事例にとってプラスになる助言も増えている。
○参加者の発言から学ぶことが増えてきた。
○自分の成長は他の参加者の成長と連動していることを感じられるように

なってきた。
○今はメンバー同士，お互いの発言から刺激を受けて，さらに発言をする，という相互性があるので，指導者を中心として教えを乞うような関わりからメンバー同士の発言からインスパイアされて見方が深まるという相互交流がある関わりへと集団の動きが変わったと感じています。

以上のことから，参加者の自発的発言の増加，発言内容の質的向上があること，それに伴い相互研鑽が進み，講師の発言量，発言内容が変化していること，グループの成長が実感されていることがわかります。

6. 個人の成長を考える

では，会の成長と個人の成長はどのような関係性にあるのでしょうか。ギブもグループの成長と個人の成長があわせて起こっていると述べていますが，両者は相互依存的に起こり，どちらが先かと決めがたいものであります。
参加メンバーがそれぞれ自分自身の成長についてどのように感じているのかを，アンケートの問3の回答からみてみたいと思います。

〈事例の理解について〉
○事例を読み解く力がついたと思います。以前は，資料の一字一句にとらわれ，何が重要かわかりませんでした。少しずつ事例の経過でクライアント－セラピスト間に何が起こっているのかという理解や，クライアントはどういう人であるのか（見立て）がわかるようになりました。
○転移を通して考えるようになりました。ケースをまとめたり発表する上で度胸がついてきました。
○他の人の事例を見る際も，どうすれば発表者に還元できるかという視点で考えられるようになりました。
○他のメンバーのいろいろなケースを聞き，講師よりご教示いただく中で，

見立てる力が臨床を始めた当初よりは身についたと感じます。
〈参加者としての発言の変化〉
○発表することで発表者の苦しみや大変さ，上手くいかないどうしようもなさがよくわかり，発表者の立場に立った発言を心がけるようになりました。
○当初は発表の内容を追っていくのに精いっぱいということが多く，余裕がありませんでした。また，自分の意見に自信がなく，発言を迷っているうちにタイミングを逃したり，気になる箇所にひっかかってそれ以降のことがあまり入ってこなかったりということがあったように思います。今は，自分がこの面接を担当したときの介入や，クライアントの立場だったらどう感じるか……などを考えながら発表を聞き，自分の中に起こっている考えや連想を言いたいときに発言するということを心がけるようにしています。
○自分の気持ちや考えをできるだけ言葉にして発言しようと意識しています。元来受身的な人間ですが，主体的に考え，行動しようという姿勢が強くなった気がします。
○事例の検討に集中することで，自分なりの視点の傾向が見えてきたり，他の参加者の意見に感心したり，そして自分自身が意識的に考えたことをある程度積極的に発言し，議論したいと思うようになってきたところは，成長したのではないかと思います。
○研究会初期の頃は，自信がなく萎縮して発言できず不全感を抱えたまま会場を後にしたり，闇雲に発言して自己嫌悪感を長期間引きずったりと，苦しい思いをすることがよくありました。発表者としても同じようなことが言えると思います。このクローズドの研究会の中でさまざまな感情を体験し，それなりに精神的に鍛えられたところがあると思います。
○事例検討会の中では，他の方の発言を，疑問に思ったり，感心して取り入れたり，自分がいろいろな反応をしていることを眺めながら自分と向

き合っている感じがしています。最初はここに参加させてもらってもいいのか，不安や緊張感のほうが強くそのような余裕がありませんでしたが，最近は上記のような感じをもつ安心感が出てきたのかなと思います。

○自分の考え方が的外れではないかという不安も大きく，人の前で，感想や意見を発言することの緊張や苦手さを感じていますが，徐々に気負いすぎずに言葉にできるようになってきたと思います。

○当初は何も言えないことがほとんどでしたが，何年もかかって質問が思い浮かぶようになり，さらにもう少し経ってから質問が言えるようになりました。現在では外れているかもしれないことでも発言してしまう図々しさすら出てきています。この点では初心に戻り，もっと自分の中で発言の吟味をしないといけないと思っています。そのような図々しい発言ができるようになったのは，以前よりもグループ自体の許容度・成熟度が上がり，外れたことを言ってもひどい目に遭って終わることはないという信頼感が持てているからだと思います。これに甘えすぎてみんなの貴重な時間を自分の発言で浪費しないよう気をつけたいと思っています。

○初めのうちはほとんど聴衆（聴講者？）と言っても過言ではない参加態度でしたが，それが徐々に参加者になったと言えるのかもしれません。

○今まではあまり気づけていなかった自分自身の癖がいくつか見えてくるようになりました。同じ講師と同じメンバーの会に継続参加してこられたおかげだと思っています。

○この会が始まった頃は自分のことで精いっぱいで足元しか見ていなかった気がします。研究会でも，本質的には些末な発言しかできませんでした。30代半ばの時期には「仕事を続けるにしても，十全に機能できるのはあと30年しかない，あっという間に過ぎて行くんだろうなぁ」と思うと，「これまで講師やいろいろな先生方に教えていただいたことを自分だけで終わらせてはいけない」と思って，他の人の事例などを見る

際もどうすれば発表者に還元できるかという視点で考えられるようになりました。
○最初の頃からグループに対する安心感はあったものの，積極的に発言することに対してはあまり自信がありませんでしたが，みなさんが少しずつ言い合えるようになってくる中で自分も自然と発言できるようになりました。発言したい，これは言いたい，と思うようになりました。レジュメに関してはまだまだ未熟で成長できていないと思いますが，それでもこの検討会を気持ちのよりどころに日々の臨床を頑張ることができていると感じます。

個人の変化成長を参加メンバーがそれぞれ実感していることがわかります。メンバー一人ひとりの成長があって，グループの成長へと繋がり，グループの成長がまた個人の成長に還元されていくというように，両者は密接に関連しながら共に進んでいることがわかります。

7．事例検討会の継続のために

アンケートの問4では，「今後の研究会に望むこと」を尋ね，自由記述方式で述べてもらいました。事例検討会の今後の継続については全員が希望していました。そのために何が必要と考えているかを以下に記載します。

〈雰囲気・関係性〉
○サポーティブな機能が高い研究会だと思います。そこは続いていくといいと思います。
○多様な意見が出せ，活発な討論ができるような雰囲気づくり，率直なフィードバック，優しさと厳しさを備えた会になっていくこと。
○現在のグループ内の信頼関係を維持していく。
○思いやりの気持ちと，真実に近づくことの葛藤を共有する関係性。

○「ぬるい」と評されたように，居心地のよいところに安住してばかりでは成長しないのだろうか，と自分を律してもいます。
○今までどおりの安心できる場として機能していってほしい。
〈検討内容〉
○発表の形式など新しい挑戦，工夫をしていく。
○相反する意見や批判的な意見も出せるようになりたいし，参加者からも出てくるといい。
○何が本当に大切な事なのかを考え，研鑽のための議論を重ねていくこと。
○メンバー間の意見の相違，反論がより自由闊達に出せるようになってくること。
〈発言の偏りについて〉
○発言のバランスを考え，話し過ぎることがないよう配慮したい。
〈運営について〉
○事務局も1年か2年ごとで完全持ち回りにできたらメンバー間の負担感の偏りがなくなるのでは，と考えます。

また，問5「その他」の自由記述では次のような意見が出ています。

○皆が思うことを言えることとサポーティブさのバランスが難しいと思います。初め，優しくて考えをはっきり言わないような違和感がありましたが，批判的な雰囲気にならないように，言葉を選んで意見を言ったり，発表者の気持ちを察して話をすすめるという雰囲気があるのがわかりました。
○助言者が同じ先生であることでメンバーがそこから学ぶ大事な視点（勘所）があると思います。
○さまざまな事例を通して何年にもわたって何度も再確認したり検討できることは，理解を深める意味では大きな利点かも。

○この会の雰囲気が，自分の困っていることをみんなが一緒に考えてくれる，という応援してもらっている感じがあります。それぞれに苦労しながら仕事をしてきていることで，わが身に置き換えて（重ねて）共感的に聴いてくれることが多いのかもしれません。

8. 今後の課題

現在の私たちの事例検討会は，大学院の同窓の者の集まりであり，講師も恩師であること，また，メンバーは全員が同性という安心感があり，仲間意識，帰属意識が高く，受容的な雰囲気が濃厚になっています。そこには当然光と影がみられるわけですが，これまでは光の部分に守られてきたと思われます。しかしこれからは更なる成長のためにこれまで影になっていた部分に注目し光を当てていくことが求められるのではないでしょうか。アンケートにも"ぬるま湯"という言葉や，"優しさ，サポーティブさへの違和感"といった感想を始めとして，率直なフィードバックや反論，異なる考えがより自由に出され，活発なディスカッションとなることに期待する意見が述べられています。これまでに築いてきた信頼関係をベースにサポーティブな機能を持ちながらもその心地よさに安住することを戒めていく態度が必要となります。それは事例提供者始め，参加者の事例理解を深める視点，また，発表者に役立つことを願ってなされることが大切ではないでしょうか。多様な意見や考え，反論，建設的な批判が自由に交換できる場にしていくことにより，更なる個人の成長，事例検討会へと進んでいくことができると確信します。

（佐竹一予）

文　献

Gibb JR（1964）Climate for trust formation. In Bradford LP（Eds.）T-Group Theory and Laboratory Method. John Wiley & Sons ; New York.（柳原光訳（1971）信頼関係形成のための風土．（三隅二不二監訳）感受性訓練．日本生産性本部）

星野欣生（2007）職場の人間関係トレーニング．金子書房．
津村俊充・山口真人(1981)Tグループの発達過程に関する研究．南山短期大学紀要，9；81-102.
津村俊充（1992）グループは発達する．（津村俊充・山口真人編）人間関係トレーニング．ナカニシヤ出版．
Tuckman BW（1965）Development sequence in small groups. Psychological Bulletin, 63（6）；384-399.

第 4 章

事例検討会の実際

> ▶**エッセンス**
> 　この章では，ある日の事例検討会の記録を通じて，実際の会ではどのように話し合いが展開し，深まっていくのか，その軌跡を追います。そしてそこでのやりとりが，参加メンバーそれぞれの学びに繋がっていくものだということを読み取っていただけるよう，セッションで何が行われているかの解説を試みました。

はじめに

　この章では私たちの事例検討会の実際の様子をご紹介したいと思います。ここでは，発表者・司会者・助言者・参加者がどのような視点から発言し，そこでどのようなやりとりがなされているか，会の流れや雰囲気を伝えることを目的としてまとめています。なお，事例については，倫理的な側面から個人が特定されないよう事例の概要や面接経過にはケース理解に影響のない範囲で省略，変更を加え，発表者についても匿名としています。

ある事例検討会①　「不安の強い青年期男性との面接」

　クライアントは青年期男性です。強迫的な傾向があり，日常的な適応は一応保っていますが，不安が強く，話を聞いてほしいと相談機関に来談しました。セラピストは発達的な問題や青年期の発達課題も関係しているとの見立てを持ち，支持的心理療法を行ってきました。しかし，セラピストがセッションの終了を告げても話を続けて，退室を引き延ばすことが続き，異性への興味関心も強くなっているクライアントへの対応にセラピストは悩むようになりました。セラピストは自己開示し，クライアントと話し合う中で，退室しぶりは改善の方向に向かうようになりましたが，全体の経過や自分の対応を振り返るために事例提供をしました。

　事例検討会では，以下について話題になりました。
　　1) 診断・見立てについて
　　2) 青年期の発達障害について
　　3) 医療機関への紹介や連携について
　　4) セラピストの自己開示について
　　5) 退室しぶりについて

(1)「事例概要の説明後事実確認のやりとり」

質疑応答により，クライアント像を参加者全体で具体的にイメージし，共有します。

（途中省略）

司会者：あの，延長していくときの感じなんですけど，セラピストが少しそわそわしだしたり，そういう感じを受けて，クライアントが，はっと気づくようなことは。

発表者：気づいていない感じですね。次のクライアントがいるっていうことはわかっているので，そこのギリギリのところで帰っていくみたいな感じですかね。私がそわそわしているからという感じではなさそうですね。

司会者：そわそわしているかどうかはわからないですけど。

発表者：してます。（参加者笑）

A：話を続けようとするクライアントを全力で止めるっておっしゃっていたけれど，たとえばどんなふうに。

発表者：初めの頃は遠慮をしていたのですが，今は「終了だから」と立ち上がって「帰る準備をして」と言って扉を開けてハイと待っている，そんな感じです。（参加者笑）

B：あ……そこまで。

発表者：それでも座って，まだ新しい話をしようとするみたいな感じ。

B：多弁ってことですか。

> 参加者より，セッションでの様子や退室しぶりについて確認する質問が続きます。
> それに対して発表者は具体的なエピソードを交えながら答えています。
>
> 発表者の曖昧な表現に対して，参加者が説明を求めています。
>
> 参加者より，"話を続ける"

発表者：多弁っていうか，話したい内容の項目が多いという感じで，あと話すペースとしては割とスローで，落ち着いた感じで，話を続ける感じですね。声を荒げることはないです。

C：なんか，取捨選択をせずに，全部の情報を同じ重要度でしゃべるみたいな感じ。

発表者：そう思っているんですけど。

助言者：どっち？

発表者：全部話しきらないと気が済まないみたいな感じです。面接の中でもテーマになってくるのですが，「限られた時間しかない」「話せることは限られている」「優先順位も考えて」ということは，お伝えしています。

（途中省略）

司会者：この方は，次に来たときに前にやった面接を覚えている感じなんですかね。

発表者：連続性という意味ですか。

司会者：忘れちゃって同じことを繰り返したりとか。

発表者：定番のテーマみたいなのがあり，こういうことが不安でというのは繰り返しありますね。プラスアルファで最近の出来事を話す感じですかね。

司会者：前回こんなこと話したなぁと，セラピストと話したことは何となく覚えている？

発表者：そこがこのケースの特徴になると思うんですけど，話して，じゃあ次の話題にいきま

クライアントについて，病理水準を明確にする質問がされています。多弁なのか，全部の話をしようとしているのか。

発言が途切れたときには司会者も質問しています。前回話したことを覚えているのか，面接の連続性やセラピストとの関係について質問しています。

質問を受けて発表者は，面接での深まりを感じられず

すみたいな感じで，話すこと自体が目的化しているというか，私との間で話を深めることがすごくしづらいですね。
B：報告っていったらいいか，一方的に自分が思ったことや不安だったことを話すっていう感じですか。
発表者：そうですね。
A：自分の問題をだいぶ整理できているみたいな，何が不安だとか，すごくわかっていて，最初から話すことが決まっている感じですかね。でもこれから先，いろいろ広がっていくのかな。
発表者：この人にとって不安を喚起するものが明確にあるんです。それに対して回避行動みたいなのもあります。なぜこんなに不安になるのかというところは漠然としていると思うんですけど，何に対して不安を感ずるのかというのは認識しているのだと思います。

困っていたことを話しています。

参加者とのやりとりの中でクライアント像がはっきりし，参加者と共有されてきました。

(2)「経過報告後のディスカッション」

面接経過報告を踏まえて，改めて質問，感想，意見など参加者が思い思いに話していきます。

司会者：ありがとうございます。ここからは，みなさんで討論を行いたいと思います。改めての質問を含め，感想，ご意見を，ご自由に。
助言者：医者としての質問だけど，パキシルの量が増えたのですか。
発表者：はい。最初はごく少量から，今は最大

助言者より，医学的な視点からの指摘です。
クライアントの異性への接

量の1日50mg。

助言者：50mg飲んでいる，うーん。パキシルが増えてから，ちょっと脱抑制的になったという感じはありますか。

発表者：私もちょっと心配になって，自分の勤めている病院の先生に聞いたんですけど。出るならもっと早い段階に出るんじゃないかと。50mgになってからその辺が出ているので。

助言者：いやー，やっぱり50mgになってから出たって悪くはないと思います。

発表者：あっ，そうですか。私，それで安心していたんですけど。

助言者：少量で出る場合ももちろんありますけど。なんとなく脱抑制的になっている気がして，抗うつ剤の影響を医者としては心配した。主治医の先生に連絡して，こういうような感じがありますけど，大丈夫でしょうか……と聞いてみるとか，ちょっとわかりませんけどね。パキシルは急に止めにくい薬ですから……。50mgっていうのは一応保険で許されている最大量ですね。強迫に対してはうつ病より多く投与することはありますが。ちょっと，それが一つは心配になりました。

（しばらく間）

　ついでにもう一つ意見を言うと，治療者も気がついておられるように，発達的な問題がありそうな気がします。強迫の人は，特に強迫の男

近行動について薬による脱抑制の可能性について。

助言者より，診断についての指摘です。

強迫性障害のケースと今回

性は異性にどんどん近づいていくということは滅多にない。むしろ回避的になったり，ちょっと噂になったりしただけでも不安になったり，調子が悪くなったりするので，こんなふうにどんどん近づいていくということは強迫の青年期の男性にしては非常に珍しいと思うんですね。しかも自分がこういうふうに思っているから，相手もそれがわかって当然だというような，相手は自分の気持ちをわかっているに決まっているというような感じの接近の仕方でしょ。どうも発達障害的なニュアンスが強い気がしますね。治療者もそれに十分気がついておられるから，いろいろ助言をしたり，教育的なコメントをしておられる。強迫の人は対人関係でこんなに近づいていくということは特に男性は少ない。女性は寄っていくんですけど，男性は少ないと思う。発達障害的ニュアンスの強い人のように思いましたけど。

（しばらく間）

　あのー，強迫と発達障害っていうのは，そもそもオブセッシブスペクトラムということを考えている人があって，同一スペクトラム上にのっているということがあって，変化が苦手だとか，共通の要素がいくらもあるように思いますね。だから，発達障害が基盤にあって強迫症状があるということは十分考えられると思うんですね。

の事例を比較し，異性への接近について違いを説明しています。

今回の事例について，強迫症状の元に発達障害がある可能性を指摘しています。

強迫スペクトラム（強迫症状に関連した複数の疾患の基盤にある連続性に注目した概念）。

（しばらく間）

B：私もケースを聞いていて，先生が今おっしゃったのと同じくベースにやっぱり自閉症スペクトラム障害（以下ASD）があって，強迫症状が強く出ている人だなぁと思ったんですけど。私が担当している高校生の男の子が本当に同じことを言っているんです。薬をやっぱり飲んでいて，見た目はおとなしいけど，この子みたいに衝動性がすごく強くて，異性にも興味が出てきて，不安になるものもすごく似ています。やっぱりベースに発達障害のある方じゃないかなと思うんです。学生相談でこういうケースを担当する場合，精神科にかかり出して，お薬が変わったとか，増えたとか，転院して2～3カ月してちょっと状態が変わったなと思うときは，情報提供書を送らせてもらうことにしている。かかっているお医者さんにここ数カ月，今こういう状況でこういうふうに変化してきたのですが，どのようなお見立てでしょうか，こちらも今後の方針を決めるにあたってご助言いただきたいですと送ると，大概の先生は回答書を返して下さるので，そうしてもいいのかもしれない。

発表者：本人にも確認してもらってということですよね。

B：そうですね。だいたい私は，ほぼ全部どんなケースでも書いたのを本人に読んでもらっ

診断についての助言者のコメントを受け，今回の事例と似たような経験を持つ参加者からのコメントが続きます。

医療機関との連携，特に相談機関から医療機関に連絡を取るときの工夫についての助言です。

て，それから郵送しています。早い先生だと次の勤務のときには回答書が来ているということも結構あるから，わりと有効な気がする。
助言者：医者というのは文書が来ると返事をする習慣がある。（参加者笑）
発表者：そうなんですね。
B：私は中学生や高校生の男の子の面接もするんですけど，異性の興味も定型発達の子とほぼ同じ年齢で出てくるように思います。どうしたらいいのかわからないけれど親にも聞けないと悩む子もいて，そういう子には，具体的に話もする。

参加者より，ASD特性を有する青年期の特徴，異性への興味関心についてのコメントです。

発表者：えー，もう少し聞きたいんですけど。具体的にどんな助言をしているのですか。
B：普通のことだよと私も言って，どういう衝動の処理の仕方があるか，あと，それを誰に聞いたらいいか，少し年上の男性で話せる人はいないかということを話し合ったりとか。私たちセラピストが直接全部を言う必要はなくて，いとこのお兄ちゃんだったり，高校の担任とか，サークルの先輩とか，何か使える資源はないかというのを一緒に探してあげて，話しやすそうな同性の人がいるんだったら聞くといいよみたいな。でも日中そういうことを大っぴらに教室で大きな声で話すと適切じゃないから，まず，こういうときにこういうふうに話をして，こういうふうに聞くといいんじゃないかって具体的

発表者からも参加者へ，男性クライアントの性的な問題に，女性セラピストとしてどう対応しているのか質問しています。

それに対して参加者が，セラピストが全部教える必要はなく，自らの経験として，同性の相談できる人に聞くように勧めたり，本を教材として活用したりしていると答えています。

に。だから本当に普通の心理療法のようにはまったくいかないです。(笑)そう思って会うと，ちょっと楽なのかな。SSTの要素がすごく必要だし，関わり方を教えていくこともすごく必要。友達の作り方とか，アサーションの本を私はよく紹介する。知的に高い子だと，そういうのを読んでみてって言うと案外わかりやすかったりするのかな。だからといって，すぐできるようにはならないんですけど。

助言者：今のようなアプローチをするには発達障害だということを患者にまず認めてもらわないといけないんだよね，それまでの手続きが結構難しいんじゃないかと思うけど。わかっていたら本を渡すっていうのは，僕は自分ではあんまりないんだけど。この頃，スーパーヴィジョンに発達障害のケースを持ってくる人がいて，僕んとこに持ってきてもダメだと言ってるのに。(参加者笑)それで発達障害の本人が読むための本を紹介した。そうしたら，治療者と読み合わせをした。結構それは有意義みたい。

A：高校生で，そういう困ったことをいろいろ話してもらうと，だいたいコミュニケーションが苦手だって言うんですけど，そういうふうだとこのことが困るねって，まず本人に困ることをしっかりわかってもらう。自分が困っていることがすごくはっきりしてくるので，お母さんにも来ていただいたりして，それでテストを

参加者のコメントに対して，さらに助言者からのコメントです。

面接の中で発達障害の本を勧めたり，対策を検討する場合，クライアント自身に発達障害であるという認識が必要ではないか。そこまで持っていくことが難しいとの指摘です。

参加者から経験談が続きます。

発達障害の認識について，受診以前に，まずは自分が困っていることに自覚的になってもらうことが大事。

やってくれる病院に行ってもらい，病院の先生にこうだよって言ってもらって，それから，こうしていこうかって話をする場合が多いかな。テストをやってくれるっていうことを直接言っていい子といけない子とあるけど。
B：やっぱり必要だと思えば，適宜受診を勧めるけど，診断がついていない場合も，Aさんが言われたとおりで，こういうところが困るよねとか，こういう特徴があるよねって話し合っていく。まぁ，診断はさておき，困っていることに対してどうしようって話はできると思う。

診断をつけることをあえて勧めない場合もある。

A：そうですね。学校現場では先生たちとの兼ね合いもあって，診断をつけたがる先生もいるけど，診断がついちゃうと，この子の後の人生にちょっと支障があるかなと思うと，先生たちを説得して，診断よりは困っていることにどう対応していくかの方が大切だからというような話をする場合もありますよね。

学校現場で診断をめぐって教員と話すときの難しさについて。

助言者：なるほど。
B：まあ，ケースバイケースで，その子がいる環境とか状況とか家族環境とか。
A：症状の重さとかね。
B：ありますね。二次障害が前面に出てしまっている場合はすぐ薬が必要だし。
助言者：あのー，子どもの頃から顕在化してなくても，大学に入ってASDだということが明らかになってくるという人も結構あると思うん

助言者より，ASDの中には青年期になって顕在化する場合があり，発達課題と

だけどね．で，そのときにいろんな青年期の発達課題が，まずこのケースだと親との関係性とか，それから同世代の友人との関係とか，性的な発達，異性との問題とか，自分がこれから何になって生きていくかとか，いろいろ青年期の発達課題があるのですけどもね，発達障害の人は今までそういうのをクリアしないまま，当人も自覚しないままに今まで生きてきて，大学に入ってからバーッといっぺんにいくつもの発達課題に直面するという場合があるんですよね。普通は親との分離がこんなふうだと，異性との関係の課題はもうちょっと後の方に出てくると思うが，いっぺんにくるというのが，どうも特徴みたいだね。

B：アスペルガーの人たちは，本当に私たちが想像できない程すごく不安な中にいるんだなといつも思う。いろんなケースの子の話を聞いてると不安耐性がすごく低いと言っていいのか，本当に些細なことでもとにかく不安。

A：困るのは，不安というよりは自分の反省はまったくなく，どうしても他の人とか他のことに，それが悪いから自分が困ってるっていうふうにしか考えられない子がいて，それが凄く困るかな。

D：一回一回の面接に来ることが不安なんだろうな。不安だから，面接の前までにリストを書き上げて，これを喋ろうというのを持ってきて，

の関連を説明しています。

参加者より，発達障害の人たちの抱く不安や他責的な傾向について経験からの意見です。

別の参加者より，今回のケースに立ち返り，クライアントの言動の背景にある

面接の時間の中で喋りきることが目的になっている。もしここで何も話すことが浮かばなかったらどうしようという不安がきっとあるかなと。
助言者：そうそう，自由連想法的なことをやらされるのが非常に怖いでしょうね。
D：そう怖いことですね。徐々にいろんなことに挑戦していて凄いなと思う反面，もしかして何か成果を上げなくては，良くなったと報告しなくてはと，どこかで思っているのかなと。一個ずつステップアップしている感じが凄くある。もしかして，よいクライアントでなければという不安があるかなと思ったりして。
（しばらく間）
A：セラピストに対してよい子になりたいと思ってるのか，頑張ろうとしてるのかどっちなんだろう，うーんわからないけど。
E：セラピストによいクライアントに見せようって思うためには，セラピストがそれを期待していると感じ取らないと，そういう行動は出てこないのかなーと思うけど。
D：あーそうか。
E：直前にセラピストと不安への耐性をつけなきゃという話があったと思うので，その言葉どおり耐性をつけるためにやってみたという可能性はあるかなとは思うんですけど。あんまり面接の中で流れを感じないので，セラピストが彼

ものについて意見が出ました。
クライアントの強迫的に見える話し方の背景には，自由連想的に話すことへの不安や怖さがある。
苦手なことにチャレンジしようとするのは，セラピストに対してよい子になろうとしているのではないか。

それに対して，別の参加者からも意見が出ます。
ASDという見立てを踏まえると，セラピストの期待を想像してよいクライアントになろうとすることができるかは疑問。

クライアントの言動や変化が，セラピストとの関係性から生じているものか，参加者の意見が割れます。

に広がりをもった人になってほしいという期待を持っていると，彼が想定するだろうかというのが，ちょっと私にはわかりにくいなと思うけど。

助言者：それはあんまり期待してないんじゃないかな，きっと。

E：セラピストの前でいい子になって褒めてもらいたいと思うような子だったらば，今言われたような可能性も大いにあるかなとは思うけど，もちろん，セラピストの前で息子的な感じがこのクライアントにはちょっとあるけど，そんなに褒めて褒めてという感じはあんまり私は感じなかったので。

D：思春期以前の母子関係みたいな依存があって，不安を話すことで，関心をつなぎ留めておきたいと思っているのかなって感じで聞いていたんだけど。

助言者：セラピストが困惑して，自己開示するところがあるでしょ。これ，大事なセッションだと思うけど，これに対する反応はどうだったの。

発表者：このときですか。

助言者：セラピストがこんなふうに感じているということは，患者は察していないはずなので，それを開示したときの患者の反応はどんなふうでしたか。

発表者：うーん……聞いてはいましたけど。真剣に。

自己開示をしたときのクライアントの反応について，助言者からの質問です。セラピストの介入に対する反応から，クライアントを理解しようとしています。

助言者：真剣に聞いていたとしたら，まずそれだけでもいいけどね。
発表者：だけど……どこまで入っているかなと。
助言者：そうですか。
A：でも，今まで言えなかった性の悩みをセラピストに言って，その話を聞いたセラピストが気分を悪くしたのではないかと心配そうにしたり，セラピストの気持ちを窺おうとするところがあるなって思う。
発表者：あの，私が自己開示したことに対してクライアントは，私がもう会えないとか面接できないと言っているように思ったようでした。
助言者：ああそう。
A：何かすごく性的な興味がワーッとでてきて，そのあと実際の女性を好きになったりとか，先に身体のほうの成長が来て，あとを追いかけるように心の方の成長も来たのかなって思うんですけど。セラピストの気持ちも窺うようになったりとか。
B：あんまり心の成長が来たとは思えない。単純に気分を害したんじゃないか。人の気持ちを察することができるようになったみたいな成長ではない気がする。
A：いつもこういう人と会うと思うんだけど，私の脳で考えていてはわからない感じがすごいして，他の人と似てるかなと思えば全然違っていたり，個々に一人ひとりに聞くしかない。わ

事例の経過の中で報告された自己開示は次のような内容でした。退室しぶりをコントロールできない上に，クライアントの話す性の悩みや異性への興味関心がエスカレートしていくことにセラピストとして対応できていないと無力感を感じ，このまま担当を続けていいのか，男性セラピストならもっと適切に関われるのではないかと悩んでいました。セラピストはあるセッションでこの悩みを自己開示し，男性担当者に変わることも可能であると伝えたのです。それに対しクライアントはセラピストとの継続を希望し，セラピストも引き受けていこうという思いになりました。

話題は，クライアントのセラピストへの気遣いは人の気持ちを察する心の成長か，もっと単純な反応なの

かったつもりでいても，ある日突然何か言われて，あー違っていたと思ったり。

E：女性であるセラピストに話したっていうことに対して，大丈夫だったかと思ったのかなという感じはするけれど，それ以上に相手の気持ちを察する心の成長かって言われると，人に言いづらかったことを言ったから気にしたのかなっていうような気が私はしていたんだけど。

A：なんかそこは，セラピストが，彼に会っているときに，ほんとに微妙なニュアンスから感じていくことだと思うんですよね。成長しているか，していないかっていうのは，私たちがここで一般化して言うことではなくて，セラピストが感じたりすることが，すごい大事っていうか，それしかなくて。聞いているだけじゃわからない微妙なニュアンスみたいなのがあるのかなと思うんですけど。

発表者：心の成長かどうかわからないけど，この人が性の悩みを言うまでにかなり時間をかけて，ためらいながらも，打ち明けてくれたっていう意味では，一応の信頼感というのは持ってくれているのかなっていうのは感じました。

A：だから，さっきDさんが言ったいい子になろうとしているかもしれないっていうのも，実際あるかもしれないし，本当に決めつけられないというか，一概に言えないなって思いますけどね。

か。どこまで発達障害の特性から理解するのか，参加者の討論は続きます。

討論が続く中，ある参加者から，クライアントの成長については面接関係の場でセラピストが感じることであり，「ここで一般化して言うことではない」という意見が出され，話の流れが変わっていきます。

助言者：セラピストというサポーターを見つけたってことだと思うんだよね。サポーターとして，ずっと付き合う必要があるんじゃないかな。だんだん面接が深まっていくっていうのは，そうすぐには期待できないのではないかと思いますね。

司会者：いろんなタイプの子がいるっていう話で，やっぱりいろいろ聞いていかないとわからない。彼の繰り返すことは死の不安だったり，宇宙とか，あいまいな世界への不安感をすごく言っているけど，他にも周りの雰囲気を読めないとか感じているだろうけど言葉になっていない部分が沢山あるだろうなと思うんです。発達障害の人たちの不安は私たちにはわからないところがすごく多いけど，どうやって感じ取っていけばいいのかと思ったときに，一生懸命時間で切ろうとしているのになかなか切れず大変だったと苦労しているセラピストを裏返してみれば，クライアントの日々の大変さとリンクしているのかなと思いました。逆転移からも理解して，セラピストとクライアント関係の中で汲み取っていくことが大事なのかなと。

D：セッションの最後が一番不安が高いかも。最後，もうこれで面接室を出なきゃと思うとすごく不安が高くなるのかなと，今聞いていて思いました。セッションの終了まであと5分と，だんだん不安になってきて，いろいろ渋っ

参加者間のやりとりをここまで見守っていた助言者が，面接の深まりはすぐに期待できない，「サポーターとしてずっと付き合う」と長期的な視点からコメントをしました。

司会者より，ここまでの討論を含め，全体をまとめています。
クライアントの大変さを感じとり，わかることの難しさ，そしてセラピストの面接での苦労は，クライアントの日々の大変さとも重なる，との意見です。

この後，参加者のコメントは，セラピストークライアント関係へと移行していきます。
退室しぶりをめぐり，セッ

ても退室して，一歩出たときの気持ちってどうなんだろうと疑問に思って。悔やむのか，またちょっとオーバーしちゃったなって思うのか。あんまり思わないかもしれないけど。あれも言わなきゃいけなかったとか。どこかの回で「次回に話すかもしれない」って言っていたところがすごくいいなと思いました。次があるんだと思うことで部屋から出られるようになってきたのは，この人の中に連続性が出てきたんだろうなと思って。

参加者一同：なるほど。

A：やっぱり成長している。

発表者：最近はセッションの中で大事な話はしてほしいと言って，時間で切るんですけど，クライアントが「じゃ……次回に……話します」と断腸の思いで帰っていくようにはなりました。(参加者笑)

A：そういうのが関係性の中で動いていくものっていうことですかね。

C：彼に発達障害っぽくないところもいっぱいあるような感じがして，ちゃんとこっちの話したことに反応がある。18回でクライアントが終了間際に話を始めようとするところで，セラピストが，話を聞きたくなったけどいつもこれで延長になるからきちんと終わることが大事だと思うと言ってから，その後2回，来られそうで来られないみたいなキャンセルのようなこと

ションを終わりきれないクライアントの心理，またクライアントの「次回」という発言の背後にある面接の連続性についてのコメントです。

クライアントの発達障害特性以外のところにも注目した参加者からのコメントです。

退室しぶりへのセラピストの介入に対する反応として，面接のキャンセル，時間の中で収めようとするク

があり，こんなことは初めてのこと。
発表者：初めてだったんですよ。
C：ですよね。本当に発達障害らしい人って，セラピストの介入に左右されず，ごく普通にいつもどおりにやってくるというイメージがありますが，セラピストに枠の中で納めるように言われたことへの反応として，この2回にきちんと出ている。考察のところで，話す内容を制限したり，面接の中で話し合える感じに少しずつなってきていると書かれてますよね。この枠の中に入らなきゃいけないんだと彼の中での頑張りがあるんだなという感じがして。
F：あと，17回でセラピストが自己開示したところで，クライアントは継続を希望し，セラピストもクライアントの希望を引き受けた。それ以降，面接の枠の中で，お互い頑張ってやっていくような協力関係になってきているように感じられ，すごくこの人も努力されたし，セラピストの大変さや気持ちもこの人にどこか伝わるというか協力していく方向に向かっているというような感覚を持ちました。

ライアントの行動につながっている。

別の参加者からも，セラピストの自己開示を含めたやりとり以降，セラピスト－クライアント関係がより協力的になっているとのコメントです。

　セラピストの行った自己開示と時間内で終わることについての介入とそれをめぐるやりとりについての話は続き，セラピスト－クライアント関係の強化や時間で終わろうとするクライアントの変化につながっていることが話し合われました。
　その後は，治療構造に関連し，セラピスト－クライアント関係だけでなく，

受付や予約やキャンセルの電話応対をする心理士以外のスタッフの考え方やあり方，さらに相談機関を包含している組織全体の風土も，そこで働いている心理士にとっては大きな問題であり，面接を支える一つの要素になっているということも話題になりました。

ある事例検討会②
「自分を出せない青年期女性との面接」

　クライアントは青年期女性です。腹痛や便意，それに伴う臭い等といった身体症状に強い苦痛を感じ，元々苦手意識のあった人付き合いも，より消極的になっていました。改善の手だての一環として自ら相談機関を訪れ，その施設の特性上，期限が限られた面接が開始されました。面接内で少しずつ感情表出が見られるようになったものの，セラピストは，クライアントの治したいという意欲には応えられていない思いを抱いていました。クライアントの努力や工夫に焦点を当てる自我支持的な介入ばかりでは，今一つ面接が深まらないと感じたセラピストは，クライアントの内界探索的な動きが促進されるような関わり方を目指しましたが，いつまでも受け身であまり多くを語ろうとしない姿に，セラピストの思いとクライアントが面接に求めているものとのズレを感じるようになりました。このような問題意識から，面接経過をふり返り，セラピストの見落としてきたものを探るために事例提供をしました。

　事例検討会では，家族や友人，セラピストとのやりとりの背景にあるクライアントの思いや，クライアントのテーマと思われる，"出したいが，出せないもの"，"出したくないもの"，"出てしまうもの"等にまつわる連想に加えて，以下の内容が話題になりました。

　　1) 診断をめぐって（内科的疾患の除外，対人恐怖，自己臭恐怖）

2) 思春期・青年期の発達課題について
3) 症状の心理的意味について
4) セラピストの関わり方について
5) 終結をめぐって
6) キャンセルの取り扱いについて

(1)「事例概要後，事実確認等のやりとり」

質疑応答により，クライアント（以下 A）像を参加者全体で具体的にイメージし，共有します。

司会者：初回面接が終わったところまでですが，事実関係の質問など，どうぞ。 B：実際に臭うのか，臭っている気がするのか，そこらへんは何かお話しされていた？ 発表者：面談しているときに，臭いがしてきたりということはないです。Aさん自身，他の場面でも自分では臭いはしないと言うことが多い。でもいつの間にか出ていて，くさいと言われる，とは言っています。 B：便意や腹痛などの身体症状の自覚があるのに，なぜカウンセラーのところに行こうと思ったのかな。普通だと，腸がおかしいとか，身体の問題だと最初は考えるんじゃないかなと思うんですけど。 発表者：自分なりに調べた結果のようですが……以前は鍼治療を受けてみたり，市販薬を飲んだりはしていました。 助言者：内科に行くと多分写真撮るんじゃない	参加者より，事実確認の質問がなされ，発表者は資料に載せていなかった部分を補足しています。 参加者より，身体症状の悩みに対して，クライアントはなぜ心理的な問題を扱うカウンセラーのところへ来たのかといった疑問が出されます。 助言者からは，身体症状に

かと思うんだよね。そうすると，異常発酵しているようならすぐにわかると思うんです。だから，今Bさんが言ったみたいに，普通はまずそういうところへ行きそうだし，ある程度そういう可能性をチェックしてからの方がいいような気がしますけど。

(途中省略)

C：くさいと言って囃し立てられるとか，いじめまではいかないにしても陰口をみんなが言っているとか，そういうことはないんですか。

発表者：人がくさいと言っているのが聞こえてきたという体験はあるようですが，そこからいじめられたという話は出てこないです。

助言者：(症状のせいで)人に迷惑を及ぼしているとか，人に嫌な感じを与えて，他の人から忌避されているとか，そういう感じはあるの？

発表者：迷惑かけているという思いはありますが，避けられるという訴えはないです。

助言者：ふーん，あんまり加害恐怖的なニュアンスはないのですね。

発表者：そうですね。

司会者：あの，自己臭恐怖の人で，元々腸が弱いことが重なることは。

B：よくありますね。でも，もう少し妄想的になることも。Aさんの場合は，臭いについて自分だと特定されていない感じ？

発表者：直接は言われたりはないが，聞こえて

関して，まず内科的疾患を除外する必要性を指摘されます。

今度は，臭うことを苦にするクライアントと周囲の人との関係性について質問が出ます。

続いて助言者からは，症状による加害恐怖的ニュアンスの有無を質問されます。

くると。
助言者：一人のとき（症状は）大丈夫。
発表者：大丈夫のようです。
C：いつ頃から感じているんですか？
発表者：中学卒業の辺りから。
D：両親の不和もあってAさんが大変だった時期ですよね。思春期の辺りのことと，家族の事情，そういうことも症状の始まりと関係あるのかなと。
発表者：それが面接の中で，全然結びつけられていません。Aさんも家のことは，積極的に話さない感じでした。
E：どんな雰囲気，外見は？
発表者：外見は小柄です。いつも長い髪をきゅっと一つに結んでいて，大人しいイメージです。中学まではもっと痩せていたと。
助言者：生理はあったのかな？　そのことをどう感じたかとか。
発表者：聞けていないです……。
司会者：中学まではずいぶんと痩せていたり，今も続く腹痛や便意があったり，すごく自分の身体に注目している子かなと。
助言者：そうだよね。
（しばらく間）
司会者：そろそろ次を読んでいただいて，これがどんなふうに展開していくか楽しみに聞きたいと思います。

参加者より，発症時期が確認されます。
また他の参加者からは，発症当時の家庭状況や思春期心性との関連性の指摘があります。
それに対し，発表者も症状と心理面との関連が気になっていながら，面接で取り上げられなかったことを吐露しています。

司会者からは，質疑応答を通して見えてきた点として，クライアントの関心が，身体に向けられていることを指摘しています。
司会者は，時間配分も考え，質疑応答が途切れたところで，発表者に後半の発表を

助言者：ちょっと，週一か隔週とか書いてあるけれど，どういうふうになっているんですか？
発表者：あ，ごめんなさい，最初の方は基本的に毎週ですが，施設の都合上その枠を固定で取れなくて，途中からは先に別の予約が入ってしまって再来週とかになったり，ガタガタしております。
助言者：あぁ…。

助言者より，面接枠についての，資料のあいまいな記述に対して確認されます。

(2)「経過報告後のディスカッション」

ここからは，発表を聞き終えた参加者より，さまざまな角度からの意見や感想が出てきます。

司会者：ありがとうございました。ここからはみなさんで討論したいと思います。ご意見をご自由にどうぞ。
B：セラピストが，Aさんの工夫しながらやれているところを取り上げて，評価したり励ましたりしたとおっしゃっているんだけれど，具体的にはどういうところ？
発表者：自分で安心できる場所などを見つけたりしているところとか……。
B：できているところを取り上げるのは，とりかかりとして大事なのでは。緊張しないように気を紛らわせるというのはやっているわけでしょ。なので，気を紛らわせると，たとえば多少は症状が和らぐとか，緊張を紛らわせるのはうまくいくけど，症状緩和には結びつかないと

参加者より，発表者が自分ではよくなかったと感じている介入方法を，より具体的に知るために質問されます。

発表者に確認した後，同じ参加者より，発表者が否定的に感じていた関わり方の肯定的な面を指摘され，自分ならその着目点をどのように扱うかといった意見が

か，そういうのをちょっと吟味したりはするかなと思う。
発表者：人が多く集まっているような場所では自分が緊張する感覚があって，そういう場に行くと，腹痛が起こるという意識もあります。
B：ある程度，緊張感との相関はありそうだぞというのは本人もわかっているんだね。
発表者：そうですね。
B：だから対策としては，緊張感を軽減させることで何かうまくいくこともあるんじゃないかということなんだよね。そうであれば，緊張しないような工夫をまたしていこうか，みたいな感じで，次の手を考えてもらったり，一緒に考えたりするかな。

（途中省略）

司会者：母親との関係がすごく淡泊な感じ。セラピストが親の話に持っていけなかったというところは，この子が持っていかずに，現実的な工夫の話になっちゃっているなと思いました。本当は，お母さんが自分の方を見てくれていないんじゃないかとか，お父さんも忙しくて，なんか二人ともこっちを向いてくれていないという感じがあるんだけど，そこを言うのが怖いというか，逆に出せない，というのがあるのかなと。
C：私もそこは思ってて。この子は怒りをあまりぱっと出さないですよね。これくらいの子っ

出されます。参加者の質問の意図が発表者にも伝わります。

今度は司会者より，発表者が大事な部分だと感じていながら，家庭の話題をきちんと取り扱えなかったという問題意識に対し，クライアントの心情を推察した意見が出ます。
クライアントは本当の思いを言うことが怖い，"出せない"のでは，という意見を受け，別の参加者からは，クライアントが怒りの

て，もう少し，人のこと，友人にしろ親のことにしろ，もっと言ってもいいのかなと思うんだけど，割と淡々とした感じというか。もっと怒りを，出せたらいいのかなって。それが臭いとして漏れ出ちゃっているのかな，みたいなことを思いました。

発表者：いろいろな面で，Aに対する家族の反応は少ないという感じがしていて。友だちからもそんな感じが多かった。

司会者：そういうところを面接で話すというのは，自分ってこんなふうに，みんなに注目されていないんだっていうことが言いたかったのかなと。変わらない，変わらないって何度も言ってるのって，症状が変わらないということも，もちろん言ってると思うんですけど，お父さん，お母さんの気持ちを自分に向けられていないってことを変わらないって言ってるのかなって，思ってました。Aさんがどれくらい働きかけてるかわからないけど。

発表者：家族に気をつかって，いろいろ遠慮するところもあるので……。

F：（記述にあった内容から）Aさんは家族の聞き役になっているんですね。家の経済的なことや，両親のお互いの不満やら，すごい聞かされてるんだなって。家族に気をつかって，友だちからの頼み事にも嫌と言えなくて。なんか，人に甘えられるっていうのがすごく嫌だったか

感情を"出さない"分，症状として"出てしまっている"のではとの連想が続きます。

引き続き，参加者が家族との関係にまつわるクライアントの思いを連想します。本当の欲求をこらえている分，コントロールできないところで症状が出るのでは

なって思ったんですね。私はこんなふうに頼れないのにっていうような。本当は自分が甘えたいのに，甘えられなくてぐっとこらえてるから，自分がコントロールできないところで漏れちゃうのかなって，そんなふうに思いました。

助言者：僕が医者になった頃，50年くらい前に，こういう対人恐怖症とか，視線恐怖とか，自己臭恐怖とかすごく注目されていて，名古屋大学の植元行男助教授を中心として思春期妄想症という概念を提出してた。京都大学では自我漏洩症状群って，要するに自分の意に反して内なるものが自我から外に出ちゃうっていう，自分の視線がきついとか，身体から臭いが出る，とか言ってました。重症対人恐怖症と言って，赤面恐怖とかに比べると重症ですよと言っていた。そのうちでも特に自己臭恐怖は統合失調症につながる場合があるっていうようなことがよく言われていましたね。自我漏洩症状群というのはその，臭い自体が意に反して漏れ出るというのだし，Aさんの描画に身体から爬虫類が出てくるというのがあるが，自我があふれ出てくるものを制御できないっていう感じがする。それがさっきCさんの言ったように怒りなのか，ちょっとよくわからないですけど。

（しばらく間）

「半知り」というのは笠原嘉先生がおっしゃられた言葉ですが，非常に親密な人たちの前でないか，という意見です。

助言者からは，対人恐怖や自己臭恐怖について，またそれらに関連する診断と精神病理についてなどの説明があります。それによって，クライアントの"硬さ"の背後に「自分の中から何かがあふれ出てくるのを制御できないっていう感じ」があるという新しい理解が生まれます。

思春期妄想症(植元，1967)
自我漏洩症状群（藤縄，1972）

半知り（笠原，1977）

は大丈夫で，見ず知らずの人たちの前でも大丈夫で，ちょっと知っている人たちのところがいかんと。こういうのが昔はよくあったけど，この頃ないなと思っていたんですけどね。思春期・青年期の発達課題をみてみると，身体の変化をどう受け入れるかとか，親との関係の再調整とか，同年齢集団にどう入っていくかとか，進路を選んでいくとか，異性との関係を確立するとか，大体５つぐらいの大きなテーマがあると思うんですね。さっきあまり治療論がないと言ったけれども，症状の話だけでなくて，いろいろなんでもいいから相談にのってる，そのうちにほぐれる可能性があると思いますね。患者の語ることの，おそらくすべてがさっき言った５つのテーマのどれかに関連してくるので，そういう話の方に関心を示して，こっちが知らないことは教えてもらう。そういうやりとりがいいんじゃないかと思います。それを通して患者がどういう発達課題に直面しているかを見ていく。
（しばらく間）

　自我漏洩で何が出てくるかっていうことが，この人の場合かなり恐ろしいものが奥にあるような気がしますね。その出てくるのを制御できないっていう感じがしますのでね，Ｃさんの言われた怒りも含まれているでしょうね。診断的にはそういう感じで。発達課題という点からいえば，さっき言ったようなことがあると思いま

助言者より，思春期・青年期の発達課題として５つのポイントが挙げられました。
①身体に関する関心
②親との関係
③同年齢集団への参加
④進路，アイデンティティ
⑤異性との関係
この５つのテーマにまつわるクライアントの話に興味関心をもって聴くことが重要との助言です。

また，制御できずに"出てしまうもの"についての連想や，思春期・青年期のクライアントとの関わり方の助言があり，参加者たちも面接が発展・深化していく方向に考えを深めていきま

すね。そういうのを頭において，それにまつわる，なんでもいいからいろいろ話にのって，そうするとなんか治療者が関心をもって聞いてくれて，いろんなこと話せるなぁと，とりあえずなったらいいんじゃないかなと思いますけどね。
発表者：もうすぐ面接終了時期に……。
G：先生が言われたように，私もAさんはたぶん症状にこだわりすぎちゃうから，楽しい話とか，趣味の話とかしてもよかったかなとは思った。
司会者：でも，ものすごく重い自己臭の人とは違う面があるなと。現状を見たときにいろいろやれることが増えていますよね。
G：もちろんそう思ったんだけど，とりあえずあと少ししかない間，何ができるかで，セラピストが困っているだろうなと思ったので。自分の話に興味をもってくれるとか，共感しながらのってくれるとか，そういう体験が少ないと思うので，まずはセラピスト相手にチャムシップみたいな体験ができれば。
司会者：セラピストに対しても，両親との関係で私はこんなに辛いんだ，悲しいんだという気持ちが奥にあるけど，そこを言わずに，症状の話をいっぱいすることで，ちょっと保ててるのかな。
G：そうそう，ダイレクトにしないけど，こういう形でセラピストに少しずつ伝えて，それを

す。

しかし発表者は面接を収束させる方向の模索を必要とし，そちらに軌道修正を試みます。参加者もそれを受けて，終結に向けての意見を述べます。
参加者からは，セラピストとの関係でchumshipのような体験ができればよいという意見が出ます。

司会者からは，クライアントが親との問題などをはっきり話さず，症状の話をする意味についてコメントがなされます。

感じ取ってもらうっていうので，多分今のＡさんには十分だと思う。思春期の子ってみんながダイレクトに問題を口にして扱えるとは限らないので。

司会者：終了時期までのあと数回を，楽しい話をいっぱいしてもいいような気がする……わかんないけど。(笑)

Ｂ：ちょっと私が思ったのは，その症状というものを出して語るということの，やっぱり役割があると思っていて。症状を介して関わることで安心する部分もあると思う。Ａさんは，確かに自分を出したいっていうのもあるかもしれないんですけど，その手前のところで，出すことに対する恐怖感が相当あると思うのね。伝えたい気持ちと，伝わってしまうとどうにかなっちゃうんじゃないかという怖さが多分あると思う。だから，症状の話をするときは，そのレベルで付き合っていけばいいんだと思う。一方で親御さんの話も出てくれば付き合っていく。そういう，出すことに対しての，恐怖感が和らぐように，その人が出してきた形で繋がっていけることが大事だと思うから。

司会者：全開にしないで，ちょっとまだ閉じているというか。全開にして，伝わっちゃった，となると，ちょっと怖いというのはあるのかな。

Ｈ：出す中身のところがすごく気になるんです。話せたのに，伝わらなかったって体験するのは，

さらに別の参加者より，自分を出すことに対する恐怖感があるので，クライアントの表現可能なレベルに添って関わるとよいという意見が出ます。

自分の中身が何なのか，まだ自分でもわかっていないのかなと。進路のこともそうですけど，どんな自分かがわからないから，どうやって生きていけばいいかわからないのかなと。

D：私，Aさんには，（友人との別離のエピソードから）自分がよいと思っていた相手が離れていくとか去っていくとかいう感じがあるのかなって。お母さんに自分の話をしたときもスルーされちゃう。何か置いてきぼりにされちゃうみたいな。何か，自分のものを出すと，置いていかれちゃうとか，離れていっちゃうみたいな，そういう不安もあるのかなと思いました。だから，セラピストとの面接の終了というところも，どう別れていくかという，やっぱりAさんの離れていっちゃう不安との関連で大事になっていくかなという気がしました。

助言者：なるほど，親とも離れる可能性があるわけだからね。

D：そうです。

司会者：だから友だちの話もしたんだろうね，きっと。

（しばらく間）

C：終結の仕方をどういうふうにしていくかっていうことを，少し話し合う必要があるかなと思ったんですけど。

司会者：すぱっと別れるのが怖いのかな。

B：Aさんに当てはまるかどうかは慎重に考え

参加者より，具体的な終結の仕方についての検討が呼びかけられ，次にどう繋げるか等の意見が出されます。

ないといけないけど，丁寧に繋ぐということをしてもいいのかなと思う。たとえば紹介状を書いたりとか，場合によっては次のセラピストに電話したりとか。よほど心配の方だとそういうふうにすることもあります。自分で訪れる力がある子だったら，じゃあね，と言って送り出せばいいけど。

C：私も，繋ぐ場合は，今言われたように，これまでの経過を先方にお知らせするからと本人に伝えて，行ってね，とはしていますね。

発表者：自分から行くのがかなりエネルギーのいる子だと思うので，確かに話をしておいたからね，となると行きやすくなるかもしれない。

助言者：さっきの治療論を言っている人があんまり思い浮かばないという話をしていたけど，治療者がどういう対象かということでね，要するに親とは違う対象で，しかし同年輩とも違う対象で。笠原先生の考え方で，おじさんのような，ちょっと斜めの関係。慶応グループの人はニューオブジェクトと言って，親とも違う，新しい対象というようなことを言っていた。治療者がそういう対象を引き受ける，ということを言ってましたね。だから親とは違うし，同年輩とも違う，でも話をある程度聞いてくれて通じるという対象に治療者がなるのがよさそうだという話だった気がする。

（しばらく間）

助言者より，セラピストの役割についての助言です。
斜めの関係（笠原, 1977）
new object（乾, 1980）

私なら紹介状渡して，必要なら使いなさいというくらいにしますね。本人がいろいろ訴えている割には現実適応がよいと思いますからね。（しばらく間）

F：私，キャンセルが増えたりしてAさんの面接へのモチベーションの低下が見えたとき，何でここでそうなるのかなと思って聞いていて。面接終了という別れを前にしてどうやって締め，終わりにしていくのかというのがあるんだなぁと思ったんです。私が感じていたのは，赤ちゃんがこの抱き方じゃ嫌だ，とむずがり始めた気がして。セラピストはこの子が少しむずがっているときに，私の抱え方がどうだったかなって，こう反応してくれてるよね。Aさんが面接でも言いたいことが言えてなかったんじゃないか，と，セラピストに直接言ってもらったことは，なんか応えてもらったというか，抱えてもらった経験だったかなって思いました。

助言者：赤ちゃんが云々という連想は，私にはちょっと思い浮かばない。（一同笑）私なら，もうすぐ終了だから，ちょっと練習したのかなと思いますね。

発表者：連想の仕方が……。

助言者：どういうふうに，どっちの連想が働くかが重要でね。女性はそういうふうにpre-oedipalな関係にもっていくのがうまいんだな。（一同笑）退行促進的なんだよね。ちょっとあ

助言者は現実適応力にも注意を向けています。

参加者より，終結が近づいてきた時期のクライアントの変化について連想が語られます。また，そこでセラピストがクライアントの"言いたいことを言えない"気持ちを解釈したことが，"むずがる"クライアントを抱える機能を果たしていた可能性を指摘されます。

それに対して，助言者からはキャンセルの意味を"分離の練習"として理解するという意見が出されます。そして，女性セラピストの方がpre-oedipalな関係を連想しやすいというコメントがあります。

あいう連想は私には浮かばないな。

発表者：それにより，こちらの介入が変わってきたりするんですか？

助言者：変わってくるよね。どっちがこのケースにふさわしいかっていうのは，セラピストじゃないとわからないし，私は分離の練習の方に連想が働きますね。

（途中省略）

E：枠が安定して取れない状況をAさんがどう感じるかというところですが。この人はセラピストに自分が安定しているからちょっとは休んでいいと思われているのかと，想像するかもしれない？

助言者：Aさんのキャンセルをセラピストはどう感じたの？ 来ても無駄だと思って来ないんじゃないかとか。

発表者：そうですね，はねのけられたって感じです。

助言者：あなたの方がはねのけられたって感じ。

発表者：はい，必要ないというか，期待していないというか。

助言者：実際の面接でも患者がキャンセルしたりすると，どうしてキャンセルしたかということを治療者が聞くことがあると思うけど。質問ばかりしてなくて仮説を言った方がいい。たとえば，あなたは来ても仕方ないと思って来ないのかなと思ったけど，一方で，一人で大丈夫に

参加者より，後半の面接構造の変化に対する，クライアントの受け止め方の可能性について言及されます。

助言者からはキャンセルの申し出に対してセラピストはどう感じたか確認があります。

なったのかとも思ったけど，あなたはどう思ったの？とか。

発表者：あぁ，一方の思いしか言っていないですね。

助言者：はねのけられたと思ってるんじゃ（笑），ちょっとポジティブな方は言い難いんだな。

発表者：頭になかったです……嫌になっちゃったかなっていう感じで。

助言者：仮説はできれば複数言った方がいいんだよね。まぁなかなか1つしか思い浮かばないことが多いけれどね。できれば複数言って，こうも思ったし，こうも思ったけど，どう？　とか言うと，向うも言いやすくなる。どうして来なかったのかな，という質問ばかりしていても，風邪ひいたとかといった返答になる。

司会者：私はどうしても良い方へ受け取っちゃう癖があるんだけれど，Aさんの場合も今，"大丈夫です"みたいな感じもあったのかなと思いました。

（途中省略）

発表者：何となく，Aさんの硬さはずっと変わらなくて，私が聞いて，Aさんが答える，みたいな関係が続いていまして。私が聞かないと，なかなかいろんなものが出てこないという感じがずっとあって。症状の話題ばかりではダメだと思って，いろんな興味があることとかをふると，それはそれで話をしてくれるんですけ

発表者はクライアントの反応をネガティブに受け取りやすくなっていたことに気づきます。

助言者はキャンセルの取り扱いについて，セラピストはキャンセルの理由と想定される複数の仮説を伝えることが望ましいと述べています。

そして，ここで発表者は，クライアントとの硬直した関係が続く中，セラピストとしての関わり方についてずっと抱えていた迷いを打ち明けます。

ど，なんかちょっと，彼女にとって，この話をしに来たわけではない，みたいな，ちょっと物足りない雰囲気になるときもありました。
助言者：なるほど。
発表者：そこの塩梅が難しいなというのが。楽しい話をして終わりだと，そこじゃなかったのにっていうふうに……。
助言者：そりゃそうだわな。
発表者：でも症状の話をすると，変わらないという話なので，結局同じ話で……。
助言者：まぁ重篤な自己臭恐怖という感じはあまりしないわね。本人は苦しいだろうけど，統合失調症に移行するようなタイプとかという感じがあまりしない。私なら，まぁそのうち治るよって。（笑）
司会者：思春期・青年期の問題だからね。
助言者：長いこと精神科医をやってるけど，40歳になってもこういうこと言ってる人はめったにいないから，そのうち治るに決まってるって，言ってやったらいかんのかな。やっぱり思春期的な課題と非常に密接に関連した症状なんじゃないですかね。
G：まだ自分にこの先があると思ってる人たちがなるような気がする。対人恐怖の書物で，理想の自分と現実の自分がすごくかけ離れているという話が出てくるんですけど。でもその理想の自分が抱けるっていうのは，まだ自分が発展

発表者に生じた困惑や八方塞がりの思いが吐露され，全体がぐっと考えこむような雰囲気に変化します。

そこで，助言者が経験に基づいたサポーティブな助言をすることによって，ふっとその場の緊張した雰囲気がほぐれます。

参加者より，クライアントの症状が思春期・青年期ゆえの問題だろうとの指摘があり，助言者からも同様の意見があります。

途上だって思ってるから抱けるわけで。それを持ってる人がなる病気かなと。
助言者：うーん, それはどうかな。理想の自分っていうのをはっきりイメージアップできるようになるということがまず, 大きな課題だからね。
（途中省略）
E：セラピストは, この人の役に立っていない感じがあるの？
発表者：添っていないというか。私が大事だろうと思ってやっていたのが, 本人と同じ方向じゃなかったのかなと。うーん, 求めに応じられていない感じっていうのがある。
B：本当にずれきっちゃっていたら, もう見切られてこなくなっちゃうと思う。
C：そうそう。
司会者：セラピストが, 私は何もできていないんじゃないかと思うような感情も含めて, 何かAさんが主導権もっている感じ。現実適応もよくて一見元気にやってるけど, やっぱり本当はそうじゃないんだっていう話もいっぱいして, セラピストが心配してくれて, 悲しんじゃうくらいまでになってくれることがAさんの望みで。カウンセリングの構造として, Aさんが主導権を握っているのかなと思いましたけど。
C：やっぱりここで話すことに, Aさんはすごく意味を感じてたんじゃないかなと思いますけど。

セラピストの無力感や, クライアントが面接でも自分を"出せなかった, 出さなかった"意味等について連想を述べ合っています。

司会者：自分の代わりに悲しませるみたいなね，セラピストを。

G：私もそういうふうに感じた。何かこの子が一人で抱えている何ともいいようのない感覚を，セラピストが実感しているのかなと。

発表者：これまでAさんは感情がなかなか出にくくなっていたのかなとは思います。

司会者：少し泣けたり，やっと面接室では出せてきたという感じですかね。

（しばらく間）

E：家庭で本当に打ち明けるということになると，まだAさんが自分を出せる環境が整っていないのかなと。なので，やっぱり何か抑えざるを得ない日常があるから，あまりにも面接の中で出しきるのは怖いというか，やれないのかなという感じがしました。

司会者：そろそろ時間になりました。皆さんがAさんの面接をしたら，一人ひとり同じやり方でなく，きっと違う方向に流れたり，違う考えが出てきたりすると思います。それぞれの連想がたくさん出され，皆さんのお話から学ぶところがとてもありました。

また別の参加者より，クライアントが自分を出せず抑えざるを得ない現実を考えると，面接の中で"出しきる"怖さがあるのではとの意見が出されます。

最後に司会者が今回の討論の感想を述べて，締めくくられました。

文　献

藤縄昭（1972）自我漏洩症状群について，（土居健郎編）分裂病の精神病理．東京大学出版会．

乾吉佑（1980）青年期治療における"new object"論と転移の分析．（小此木啓吾編）青年の精神病理2．弘文堂．

笠原嘉（1977）青年期．中公新書．

植元行男（1967）思春期における異常な確信的体験について　その1―いわゆる思春期妄想症について．児童精神医学とその近接領域，8（3）；155-167．

第 5 章

事例検討会を企画・運営する

▶エッセンス

　定期的な事例検討会を続けていくためには，会を運営するためのさまざまな準備や維持していくためのしくみが必要となります。またそういったものが，会の骨組みや輪郭をつくり，検討会全体に影響を与えると考えられます。この章では，自分たちで事例検討会を立ち上げて軌道にのせていくにはどうすればよいか，その企画運営の仕方について概観していきます。

第1節　立ち上げるための準備

はじめに

　臨床心理学を学ぶ大学院生，臨床心理士として私たちは人の心について関心を持ち，人の心を理解しよう，心の問題で苦しむ人を援助したいという志を持って心理療法を行います。クライアントにとってよい心理療法家になるための学びと訓練は事例検討なくして語れません。事例検討の形式としては，集団事例検討会（ケースカンファランス），個人スーパーヴィジョン，事例研究があります（下山，2013）。ここでは事例検討会の意義と機能，事例検討会を立ち上げる過程について考えてみます。最後に私たちの事例検討会の立ち上げ過程を紹介します。

1．事例検討会の意義と機能

　心理臨床活動の基本である心理面接は主に面接室でクライアントとの直接的関わりを通して行われます。馬場（1986）は，「面接室での活動内容が守秘義務をともなう個人的で主観的な心理的問題であるために，一般化することが難しいだけでなく当事者以外の人には理解されにくい印象もある，心理臨床活動にはこうした宿命的とも思われる性質がある」と述べています。このような心理面接がもつ性質を考えると，私たちは心理療法に携わる限り独りよがりで独善的にならないように自らをふり返り，心理臨床活動の専門性を高める努力が必要です。

　下山（2013）は，事例検討会には「報告された事例を具体的に検討し，その事例についての適切な見立てを得ること，そして個別事例を超えて他の事例の理解にも役立つ視点を得る」という目標があると述べています。目標を意義という言葉に置き換えてみると，事例検討会の意義は①見立てを得ること，②一事例の経験を他の事例に汎化できることと考えられます。

現在，事例検討会はさまざまなスタイルで行われています。ここからはいくつか事例検討会を取り上げ，それらの様式と機能について検討します。
　標準的な事例検討会は，事例発表者と参加者，講師（助言者）で構成されています。発表者は現在進行形の事例や中断あるいは終結した事例の経過をまとめた資料を用意し，それを基に面接経過を報告します。参加者と講師（助言者）は疑問や意見を出し合いクライアントのストーリーを読み，見立てを立てます。最後に講師（助言者）は全体の議論をまとめ，助言します。
　近年，パーソンセンタード・アプローチの考え方に基づく事例検討法としてPICAGIP（ピカジップ）法が開発され，臨床心理士養成指定大学院のケースカンファランスでも用いられています。参加者はファシリテーター，記録者，話題提供者（発表者），メンバーの8名程度で構成されており，2時間程度で，情報共有のために黒板2枚とB5判一枚程度の資料を用意します。メンバーはメモをとらず，話題提供者を批判しないこと，結論は出なくてもヒントが出ればよいという考え方と構造を備えています（村山，2012）。また，同検討会の持つ機能としてピア・サポート機能が指摘されています（望月，2013）。
　神田橋のグループスーパーヴィジョンでは，発表者は発表資料を用意せず口頭で報告し，参加者は発表者の語りと神田橋のコメントを聴き，連想を膨らませる場が提供されます（栗原，2016）。
　さらに，小堀（2013）によると，ロンドン精神医学研究所における不安障害の認知行動療法ケースカンファランスはグループスーパーヴィジョン（GSV）と呼ばれ，アセスメントの報告，中間報告，終了報告，困った事例の相談などが，それぞれ10～30分で話し合われます。また，セッションのビデオを再生してクライアントの印象を共有することもあるようです。終了報告することによって奏功機序や学んだことが共有されるだけではなく，「よかった，よくやった」と言われることで，セラピストの自信も高まることが挙げられています。

また，村瀬を中心にした統合的心理療法研究会では，年齢，経験年数，職域など異なる15名前後の参加者が，毎回3時間に2事例を研修し，参加者は年1回レポーターとして指導を受ける方式をとっています（奥村，2015）。そして同研究会が持つと考えられる意味（機能）を5つに分けて考察しています（村瀬，2015）。

① 臨床領域の特質に応じた知識・技術・セラピストとしての姿勢のあり方や留意点の違いなど識り得る。
② 前記①にあげた場所や対象とされる人，課題などが違っても，心理臨床の要諦は通底していることを会得し，心理臨床の基本や理論，技法の習得がバランス感覚を伴ったものになることを助ける。
③ 違う領域，経験，背景を持つグループメンバーに理解されるようにいかに表現するか（事例の作成，提示を始め，討論での発言についても）について考慮するようになり，それが自分の営為を対象化して考える助けともなる。自発的気づきや時には資料調べなど理解が深まる。
④ 心理職は一人職場，そうでなくとも少数，新しい職種として，ともすれば心細い想いを抱きがちであるが，グループメンバーの他者の意見を聴き，状況を知ることは相互支援的意味を持ちうるし，現実的に顔の見えるネットワークを作る契機にもなり得る。
⑤ 自己陶冶したいという純粋な目的でのメンバー間にはほどよい距離感を維持した理解しあい，支え合うという空気感が生じる。

　事例検討会のスタイルはさまざまであっても，いずれにも共通する機能があるように思われます。それは，学習機能，方針検討機能，サポート機能，連携強化機能，研究機能であり，それらをまとめたものを表5-1に示します。事例検討会という構造があり，メンバーが相互に支えられ理解しあう雰囲気の中でセラピストとして一人ひとりが支えられ，それによって事例のクライ

表 5-1　事例検討会の機能（原田（2009）をもとに作成）

学習機能	知識，技術，セラピストとしての姿勢と作法を学ぶ
方針検討機能	一事例についての見立てと方針を立てる力を身につける
サポート機能	セラピストの成長を促し，理解されたという安心感を得る
連携強化機能	他職種，他機関との間で事例の見立てと援助方針を共有できる
研究機能	個別事例を超えてより一般的で普遍的な知見を得る

アントが支えられる，それが事例検討会の重要な機能であると考えられます。いずれにしても，事例検討会は第一にクライアントの利益になること，第二にセラピストにとって有益なものになることが目指されます。

2. 事例検討会を立ち上げる

　事例検討会を企画し，立ち上げる過程について考えたいと思います。料理を美味しくするには素材を最大限に活かすための下準備が欠かせません。それと同様に，事例検討会を立ち上げるときも会の持ち味を発揮させるための下準備が重要です。以下に立ち上げの過程を具体的に示します。

（1）世話人の選定

　世話人は事務局という表現で呼ばれることもあります。事例検討会の立ち上げと運営にあたり，参加者の間に立って実務的な仕事をします。世話人は複数いる方が効率的で会の運営が上手くいきます。世話人は，会の立ち上げと運営に必要な事柄を具体的に考え企画を立案します。それを参加者に報告し討論する場を設け，全体で決定したことを実行に移す役割を担っています。それは事例検討会の構成要素でもあります。

（2）目的・目標の設定

　事例検討会の目的・目標を設定することによって参加者の主体性が高まる

ことが期待されます。また，目的を共有することによって会全体が同じ目的意識をもった仲間，同志という雰囲気になることが期待されます。会の雰囲気は大切であり，安心感のある場になるように努めます。参加者が率直な気持ちや意見を交換できるならば，事例の理解が一層深まり，見立ての力や援助方法の習得に役立つと思われます。

標準的な事例検討会の目的は事例の理解を深めることと思われますが，たとえば，特定の心理療法理論と実践を学ぶことを目的とした事例検討会もあります。また，大学院で行われている事例検討会は教育研修が目的となるでしょう。

(3) 参加者の構成

参加者の構成は会の特色を形づくる大切な要素となります。標準的な事例検討会では，司会者，事例発表者，講師，参加者という役割を決めます。討論者という役割を加える場合もあります。参加者は同一職種に限るか多職種で構成するか，また経験年数の制限を設けるか設けないかによっても会の特色が変わるでしょう。さらに参加者を固定にしたクローズド形式と固定しないオープン形式があります。クローズド形式の場合，一定期間同一参加者が集うので互いに顔馴染みの関係が生まれます。お互いの臨床姿勢や事例の見方がわかるようになり，それを上手く活かせるように全体がサポーティブな雰囲気になることがあります。反面，慣れの効果がネガティブに働く場合は全体が異論や批判を表しにくい保守的な雰囲気になり得るでしょう。オープン形式の場合，参加者が流動するので会には緊張感が漂います。参加者が不特定であることはさまざまな理論的背景から事例の見立て方や考え方を知る機会になると考えられます。反面，顔馴染みの関係よりも心理的距離が遠くなると考えられ，クローズド形式よりも安心感や所属感が弱まる可能性があります。事例検討会の目的にもよりますが，参加者全員で討論しながら事例をじっくり検討するには，参加者は多すぎず少なすぎず，がよいと思われま

す。多すぎれば参加態度は受身的になりやすく，少なすぎると討論内容の幅が狭まったり活気のない静かな雰囲気が生じやすいでしょう。

(4) 講師の依頼

　講師（助言者，指導者）を設ける場合と設けない場合があります。設ける場合は事例検討会がより研修の場に近くなり，設けない場合は自主学習会や勉強会の場に近くなります。講師を選ぶ基準として，会の目的・目標に賛同してくださり，臨床経験豊富で独善的過ぎないこと，事例の経過を読み今何が起こっているのかを言葉で明確に説明できることが挙げられます。また，臨床現場で接してみたときに"この講師に是非学びたい"と思えるか，心理療法家としてああなれたらいいなと大きな目標を抱かせてくれるかという，主観と感覚的な要素も加味されるでしょう。

(5) 会場の確保

　心理療法における面接室と同じように，人数に対して部屋の広さはほどよい広さが必要です。外部の物音がはっきりと聞こえない遮断性のある部屋であることが重要です。安定した空間的構造が用意されることで発表者も参加者も外部からの刺激に気をとられることなく，落ち着いて対話に集中できるでしょう。

(6) 時間と回数，期間の設定

　事例検討の時間的構造はさまざまあります。1事例につき1時間半という構造もあれば，2時間，あるいは3時間という構造もあります。先の神田橋のグループスーパーヴィジョンのように，半日かけて2事例を検討する構造もあるようです。また，回数もさまざまです。毎週1回，毎月1回，1年間で6回などさまざまな場合があります。これは講師と参加者の物理的な条件によるところが大きいように思われます。期間については1年更新の設定が

主流のようです。

(7) 会費

　会費は事例検討会を成り立たせる重要な構成要素です。会場費，講師謝礼，資料印刷代，諸経費等を計算し，必要経費を割り出して会費を決定します。講師謝礼額を決めることは難しいのですが，ここは訊き難くても直接講師に講師料を尋ねるとよいと思われます。講師のキャリアによって謝礼額は異なりますし，検討会の時間的構造にも違いがあるので一律には決められません。参加者が大学院生や修了生が多い場合，講師のご厚意で"学生料金"の金額設定をしてくださる場合もあります。

(8) 会計／口座開設

　会計係は参加者から会費を徴収し，事例検討会の銀行口座を開設します。

(9) 規約づくり

　会の銀行口座を開設するために必要な会の規約を作成します。規約に関しては一般的な形式がありますので，それに準拠して作成します。

(10) 会の名称

　会の名称を決めることはとても重要なことです。講師の名前を冠するもの，参加者の出身大学の地名，所属機関の名前を冠するものもあります。会の名称は音も長さも読みやすい方が良いと思われます。

(11) 告知／宣伝

　事例検討会の枠組みが決定した段階で，参加者に事例検討会の詳細を告知します。インターネットが普及し，一度に複数の相手に対して情報を送ることができるようになりました。

以上，事例検討会を立ち上げる過程として11の工程を示しました。事例検討会の構造を整えることは事例検討会を安定した居場所として機能させ，参加者の成長を支える心的環境の機能を果たすと考えます。その下支えとなる世話人の役割は目に見えにくいものですが重要な要素であり，世話人の働きが会の維持運営の要となります。

3. 倭木の会の立ち上げ過程について

当事例検討会「倭木(まき)の会」を一つの"事例検討会"事例として提示し，立ち上げるまでの過程を紹介します。

大学院1期生として修了したばかりの私たちは他の大学院のようなOG，OBらが集う既存の事例検討会がありませんでした。そのため，自ずと自分たちの手で卒後研修の場をつくり上げることになりました。2002年に始まった事例検討会「桜研究会」は，大学院同期生と同大学関係者の十数名の参加者で構成され，講師を成田先生に依頼しました。会場は講師の勤務先関連施設のスペースで，月1回（年12回），1年更新制でスタートし，現在も継続しています。

初心者を対象とした「桜研究会」の初期参加者の中から，自然発生的に経験者を対象とした事例検討会を立ち上げたいという声が高まり，2007年に発足したのが私たちの会です。当会は精神力動的理解に基づいた事例検討会として，発足時は臨床経験年数を5年以上と定めました。参加者の職域は広く，精神科クリニック，総合病院，大学学生相談室，大学附属臨床心理相談室，中学高等学校等さまざまです。みな同じ大学院出身者であり，講師の臨床姿勢，心理療法の本質を学ぶことに意欲的であることが特徴です。当会の名称である「倭木(まき)の会」は，出身大学院名である「椙山(すぎやま)」の「椙／杉（すぎ）」の古名である「倭木(まき)」に由来しています。

当会は標準的な外的構造を備えており，参加者10名と講師1名で構成され，1年更新のクローズド形式で行っています。世話人は3人で事務連絡や会場確

保,参加者名簿や事例発表順の決定,会計の役割を担っています。会場は公的機関の有料会議室を借用し,人数とのバランスが適度な広さです。毎回,司会者と事例発表者は交替しながら一つの事例を2時間半かけて検討しています。

　以上,事例検討会の意義と機能,事例検討会を立ち上げる過程,そして当会の立ち上げ過程について述べました。心理療法家として成長したいという志をもつ仲間とともに講師の指導を受けながら,毎回一事例にじっくり取り組む事例検討会を継続してきました。私たちは日々臨床現場で多職種にもまれ,これで良いのかと自問し,無力感や孤独感を感じることも少なくありません。参加者が安心した雰囲気の中で事例に向かい一人ひとりの学びにつながる事例検討会に成長していく過程は,心理療法家の成長とパラレルであるように思われます。

(北島智子)

文　献

馬場禮子 (1986) 心理臨床家が求めるもの．心理臨床学研究, 3 (2) ; 1-4.
原田杏子 (2009) 事例検討会．よくわかる臨床心理学．ミネルヴァ書房．
小堀修 (2013) ロンドン精神医学研究所のケースカンファランス—不安障害の認知行動療法の場合．精神療法, 39 (5) ; 742-744.
栗原幸江 (2016) はじめに．(神田橋條治・栗原幸江・井上美穂・柄澤祐可・加藤真樹子) ともにある (V)．木星舎．
望月洋介 (2013) 若手心理臨床家の事例検討法としてのPCAGIPの効果検討．日本人間性心理学会第32回大会プログラム．発表論文集, 88.
村瀬嘉代子 (2015) コメント．(奥村茉莉子・統合的心理療法研究会編) 村瀬嘉代子のスーパービジョン．金剛出版．
村山正治 (2012) PCAGIP法．(日本人間性心理学会編) 人間性心理学会ハンドブック．創元社．
奥村茉莉子 (2015) はじめに—村瀬嘉代子の心理療法 (奥村茉莉子・統合的心理療法研究会編) 村瀬嘉代子のスーパービジョン．金剛出版．
下山晴彦 (2013) ケースカンファランスの目的と方法．精神療法, 39 (5) ; 643-648.

第2節　事例検討会を続ける

1．事例検討会を継続する上での世話人の役割

　本書では，事例検討会を自分たちで作っていくとはどういうことかについてさまざまな視点から述べられていますので，ここでは既存の事例検討会に参加するスタンスではなく，あくまで事例検討会を自分たちで立ち上げることに主眼を置き，立ち上げた会を継続していくために必要なことや大切にしていきたいことについて考えます。

　まずは本稿でいう「世話人」とは，事例検討会の準備や運営を担う事務局を担当するメンバーのことをさします。世話人は事務的な仕事を主に担い，さまざまな事案のまとめ役でもあり，事例検討会を継続させていくためには大変重要な役割となります。そのため，世話人は数人で連携して進めていくことがよいでしょう。また，世話人のメンバーは数人で固定にする場合が多いですが，少人数のクローズドの会であれば，数年経ち会自体が成長してきたら，世話人メンバーを入れ替えていくことで参加者全員で会を作っていく意識がさらに高まっていくかもれません。

　事例検討会を継続するための世話人の主な仕事内容は，(1) 参加者の更新，(2) 講師への継続依頼，(3) 会場の継続的な確保，(4) 参加者の発表月の調整，(5) 会費の徴収，(6) 会計管理，(7) 開催案内，(8) 出欠管理と日本臨床心理士資格認定協会への認定申請書類等の手続き，(9) 資料等の保存，(10) 懇親会や特別講演会等の企画，などがあります。各仕事内容について以下に詳しく述べたいと思います。

(1) 参加者の更新

　まずは参加者がいなければ会を継続していくことはできません。多くの事例検討会では，頻度やグループの性質に関係なく一般公募することがほとん

どです。公募する際には，臨床経験や学派を問う場合もあり，人数もまちまちです。私たちの事例検討会においては，参加者は基本的には1年ごとに更新されますが，参加条件として同窓生であり臨床経験が5年以上，かつ力動的な人間理解に基づく方としています。そのため，毎年参加者が大きく入れ替わることはなく，新しい参加者を迎え入れる際には，会の趣旨に賛同し，基本的な事例の理解が近い人が推薦されます。一方で，あえて違う理論や背景に拠って立つ方を迎え入れることもよいかもしれません。理解が同じ人と違う人，それぞれに長所短所があると思われます。また，参加者の人数も会の趣旨にもよりますが，20人以上だと傍観者のようになってしまう参加者もいるように感じます。私たちの会では常に10人前後となるように意識しています。

(2) 講師への継続依頼

岩間（2005）は「助言者として誰をケースカンファレンスに呼ぶかによって事例研究の質や方向が大きく左右される」と述べていますが，実際にいくつかの事例検討会に参加してみると，講師の拠って立つ理論の違いによって同じような事例でも解釈がまったく異なる印象を受けます。そのため，事例検討会を継続していくにあたっては，それぞれの会の趣旨や方向性をよく検討した上で，講師を毎年変えるのか，同じ講師で継続していくのかを考えなければいけません。私たちの会では会を立ち上げるときから同じ講師の指導を受けたいという立ち上げメンバーの意向が強く，毎年年度の終盤になると講師に改めて依頼をしています。

(3) 会場の継続的な確保

会場が決まらなければ会自体の開催はできず，これも世話人にとって重要な仕事の一つです。会場はなるべく毎回同じ場所が予約できるよう，計画的に予約していきます。会場は貸会議室のことが多く，施設によっても異なり

ますが，半年前から予約手続きが開始されることが多く，会場予約をする前までに開催日程を決める必要があります。また，会場の場所はなるべく参加者全員の利便性を考えた場所にすることで，高い参加率につながります。

(4) 参加者の発表月の調整

おおむね参加者の中から発表者を募る形が一般的で，多くは参加申込みの時点で事例発表希望の人はその意思を表明します。その後世話人が誰にいつ発表してもらうか，その折の司会や指定討論者，講師をどうするか等を検討し，後日発表希望者に連絡を入れることになるでしょう。

私たちの会においては，参加者全員が発表することとなっており，司会はその翌月の発表者が担当する決まりとなっています。そのため，いつ発表するのかを次年度が始まる約1～2カ月前に各参加者に聞き取り，調整し，決定します。

(5) 会費の徴収

会費は通常先に世話人の方で決めてから参加者に案内し，新しい年度が始まる最初の月末までに参加者全員から徴収する形が多いと思います。参加する回ごとにその都度支払うのか，年度始めに1年分を一括支払いにするのかによっても，会が継続していけるかどうかが左右されます。会場を事前に予約し，講師への謝礼の支払いを滞りなくするという点においては，年会費一括徴収にした方が会が継続していきやすいでしょう。最初に年会費を支払うと，せっかく支払っているのだからなるべく参加しようというモチベーションにもつながるように感じます。会費の主な内訳としては，講師への謝礼，会場使用料，日本臨床心理士資格認定協会への研究会登録や毎年の申請にかかる事務手続き料，その他雑費が必要となります。それらをすべて計算した上で，参加者に了承を得てから年度初めまでに会費納入を案内します。

私たちの会においては毎年会計報告を行い，次年度の会費については参加

者全員と相談の上で決定しています。そうすることで参加者全員が納得した上での会費納入となり，参加者一人ひとりが会を自分達で作っている意識が持ちやすいように思います。

(6) 会計管理

　会計係は参加者から集めた会費の通帳管理と，毎回の事例検討会での謝礼の準備，会場費の振込，会計報告作成と参加者全員への報告が主な仕事となり，現実的な運営の要ともなる責任の大きい仕事です。

(7) 開催案内

　参加者，講師，会場と会費が決まると，正式な開催案内通知を行います。開催案内通知は書面の場合もあれば，メールでお知らせする場合もあります。

(8) 出欠管理と日本臨床心理士資格認定協会への認定申請書類等の手続き

　あらかじめ継続研修として日本臨床心理士資格認定協会への研究会登録ができていると，認定ポイントに加算することができ，参加者にとっては一石二鳥となります。私たちの会は認定を受けている会なので，出欠管理と提出書類準備は欠かせない作業となります。毎年1回，出欠席に基づいた各参加者の参加証明書の発行を世話人が行い，それを元に臨床心理士資格の更新に際して認定ポイント申請を各自で行います。ポイント申請のためにも，世話人は毎回出欠を記録し保管します。

(9) 資料等の保存

　会計報告書や毎年出す開催案内状，事例検討会で発表された折の資料等を会の資料として世話人の一人がまとめて保存していきます。こうすることで，世話人が変わってもスムーズな引継ぎができます。

(10) 懇親会や特別講演会等の企画

　懇親会は参加メンバーの親睦を深めるため，年に1回程度で開催するとよいと思います。また，時には同じ講師ではなく，違う講師からの助言をいただくための回を設けるのも新たな視点を得ることができる良い機会となるのではないでしょうか。

2. 継続する上での世話人の仕事にまつわるエピソード

　まずは会場となる場所がなければ事例検討会を開催することはできず，会場を予約する係の世話人の負担は大きいものがあります。また，会計係も会場費の振込手続き等を遅延なく行い，かつ毎回の会の折に講師謝礼の準備をするなど行わなければならず，責任感があり計画的に物事を遂行できる人を選ぶことをお勧めします。また，発表月の調整も，場合によっては難航することもあり，なかなか気を揉むものです。私たちの会では基本的には参加者全員の第二希望まで聞き取り，世話人が調整し，希望月が重なった人については一人ずつに再検討と妥協を促す連絡を入れ，再び希望を出し直してもらう作業をします。しかし，ここ数年はその作業を改め，一斉メールを使い参加者全員が誰がいつを希望しているかをわかるようにすることで，世話人の負担が少なくなりました。このように，世話人も参加者であり発表者，司会者となる以上，負担軽減を図りながらお互いを支えあいつつ，会を継続していく知恵を出し合うことが大切です。また，目には見えないことですが，会の雰囲気を作ることも世話人の大切な仕事だと考えます。個人的には，会から教えられたことや得られたもの，考えたことを持って臨床の現場に出て実際にさまざまなケースと向き合い，再び会に帰ってくるというイメージを持っています。それはどこか，大学院で学んだことを付属の臨床心理相談室で実践し，事例検討会議で検討してその後のセッションや他の事例に活かすという学びと似ているようにも感じます。

3. 継続するための外的構造

　心理面接を行う面接室を固定することが大切なように，事例検討会を行う場所をなるべく同じ場所にすることは大切です。発表者，司会者，講師，参加者の座る配置は会の雰囲気に大きく影響していると思います。著名な先生を講師として迎えている比較的参加者の多い事例検討会で，机の配置が対面の講義形式（図5-1）の場合は，自由な発言や質問が出されにくいように感じます。

　私たちの会では，前進となる会のときからロの字の配置形式（図5-2）にしており，参加者全員の顔が誰からも見渡せ，かつお互いの頷きが感じられる程の距離にしています。また，発表者と司会者，講師，参加者が同じ並びに座っているため，講師と参加者の上下関係を意識することは少なくなります。それゆえ，少人数で固定メンバーであることも関係しているとは思いますが，誰もが自由に質問し意見が言える雰囲気が生まれ，活発な議論が展開していきます。

4. 継続して参加したいと思う理由

　当たり前のことですが，事例を発表することで得られることは非常に多くあります。私たちの仕事はさまざまな職場で複数のケースを同時進行している場合が多く，一つひとつの事例を丁寧に読み返し，検討する時間は日常の中ではなかなか得られないため，事例検討会に出すことでケースの流れや気づいていなかったクライアント像，見立ての視点を知ることにつながります。また，事例検討会に参加することにより，生涯に持ちうる限られたケース数以上の事例と出会うことができます。他の参加者のケースを聞き，読み解き，掘り下げることで，事例の追体験をしながら自分だけの臨床からは得られないさまざまな事例と向き合うことができるのです。下山（2010）は「事例検討会の参加者は，特定の一事例の検討を媒介として他の事例への対応技能をまなぶことになる」と述べており，自分ならどう対応するか，どのように理

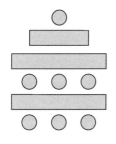
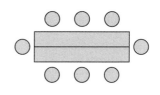

図 5-1　対面講義形式　　　図 5-2　ロの字配置形式

解するか等を考えながら事例検討会に継続的に参加することで，自身の臨床の幅が広がるように思います。その上，自らが発表者となると参加者以上に学べることは多く，心理士としてさらに成長するためにも参加し続けたいと思えるのではないでしょうか。私たちの会では参加者全員が発表者となり，司会者となるルールがあります。そのため，発表せずに参加のみすることはできません。事例を発表することは自分の力量や事例への対応が明るみに出ることでもあり，読者のみなさんの中にはその勇気がないから発表は控えたいと思われる方もあるのではないでしょうか。心理士として駆け出しの頃には私もそう思う一人でしたが，会への参加条件となっている以上は発表せざるをえず，結果的に発表する度胸もつくこととなりました。そもそもなぜ継続して参加したいと思うのかを問われたとき，一番に思い浮かぶことは会自体の安心感，所属感があるということです。少人数でクローズドな会であり，継続していくことでそのメンバーの考えもわかっている安心感や所属感は大きいと感じています。非難しないが不思議がる，そして質問や意見はとても自由で活発，ゆえにこの会でだから事例検討をしたい，というモチベーションにもつながっているのだと言えるのではないでしょうか。職場内での事例検討会では，その組織の中で事例に対しての理解が深まる利点がある一方，職場内での役職や肩書きからの制約も出てくるかもしれません。その点，参加者が同一職場ではないと，職場の人間関係とは重ならず自由に発言ができ

るように思います．私たちの周りには規模も構造もさまざまな事例検討会が沢山あります．この本を手にとってくださっているみなさんも自分にあった事例検討会を探したり，自分たちの手で立ち上げるなどして，可能な限り継続して事例を発表する場をもつことをお勧めします．

(飯田陽子)

文　献

岩間伸之 (2005) 援助を深める事例研究の方法 [第2版] ―対人援助のためのケースカンファレンス．MINERVA 福祉ライブラリー32．ミネルヴァ書房．
下山晴彦 (2010) 臨床心理学をまなぶ1．これからの臨床心理学．東京大学出版会．

監修者あとがき

　この本は「はじめに」で編集代表の渡邉が述べているように，新設されたばかりの大学院の臨床心理学専攻修士課程を修了した第1期生が，卒後研修の場としての事例検討会を自分たちで創りあげてきた過程を語ったものです。私は彼女たちの熱意に促されて，助言者の役割を十数年続けてきました。はじめは修士課程を修了したばかりの初心者の集りでしたが，5年程たったときに，ある程度経験を積んだ者でもうすこし少人数の会を別にもちたいとの希望があってこの会が発足しました。メンバーは若い人が多いのですが，なかには社会人入学の人もあり，皆が同じ年齢というわけではありません。若いメンバーとは親子ほど年の違う人もいます。その人たちも若い人たちとまったく同じように参加し，互いにまるで同年代の友人のように接しています。このことがこの会の成長にプラスになっているようです。私自身もこの仲間に入れてもらうことで，精神の若さをなんとか保つことができているような気がします。

　会が発足してから10年になるので，その記念に今までの経験をふり返って本を作ったらどうかと提案したのは私ですが，以後この本の成立に深く関与してきたわけではありません。参加者たちが話し合って，本のテーマを事例検討会にしようと決めました。自分たちの経験をふり返り，それをもっと若い人たちに伝えるのにもっとも適したテーマだと思ったのでしょう。編集委員の選出，各章のタイトルの決定，執筆者の選定も彼女たちの話し合いで決まりました。私は各執筆者の原稿を読み，文章の書き方などについて多少の助言をしましたが，内容については執筆者の意向を尊重してとくに注文をつけませんでした。ですから，各章の文章には執筆者の問題意識や感性さらには人柄までがよく現れています。一人ひとりが正直に自分をふり返って書

いていると思います．内容に多少の重複があるのは否めませんが，各人の熱意に免じて通読していただければありがたく思います．

　近年，個人心理療法や事例検討会には逆風が吹いているようです．他職種との連携，協働こそが大切であって，個人心理療法モデルは時代遅れだなどと言う人もいます．連携，協働はたしかに大切です．しかしそれを可能にするには，まず心理臨床家自身がしっかりした専門性をもたねばならないでしょう．個人心理療法の経験を通して，またスーパーヴィジョンや事例検討会での学びを通して，心理臨床家としての基本姿勢や技術を習得し，専門家としての力を身につけてこそ，はじめて他職種から認められ，連携，協働が可能になるのです．

　若い人たちが個人心理療法の修練を軽視したり，事例検討会に参加しなくなったりすることが万が一にもあるとしたら，心理臨床家の存在意義そのものが失われてしまうでしょう．昨今，大学院生や若い臨床家のなかに，事例検討会に参加して事例報告をすることを面倒だと思ったり，傷つけられるのを恐れたりして避けている人たちがあるようです．大学院や学会での事例検討の場で発表者が切りきざまれるような不幸な例を見聞きして，事例検討会は怖いものだと思っている人もいるようです．たしかに楽しいばかりのものではありません．緊張や不安も生じるでしょうし，自己愛が傷つくこともあるでしょう．しかしこういうことは，何事にせよ修練の過程では避け難いことだと思います．とはいえ，発表者が不必要に傷つけられるような検討会はよい会ではありません．そんな会は結局クライアントのためにもならないでしょう．この本のタイトルを「事例検討会は怖くない」としようという意見もありました．この会の参加者たちは皆で「怖くない事例検討会」を作ってきたと思います．若い人たちがこの本に刺激されて，自分たちの手で事例検討会を作り育てていってほしいと思います．

　さいごになりましたが，この本の出版を出版社に働きかけてくださり，序文を書いていただいた九州産業大学教授窪田由紀先生に御礼を申し上げま

す。先生は2018年3月まで名古屋大学の教授であり，本書の編集代表渡邉が社会人として入学した大学院博士課程の指導教官でした。また，この本の意義を認めて出版に踏み切り，本作りの過程でさまざまな助言を惜しまれなかった金剛出版の梅田光恵氏に感謝します。よき編集者と協働できたことは執筆者皆にとってしあわせなことでした。

成田善弘

索　引

欧文
ASD ……………………………… 128, 131
　―特性を有する青年期の特徴……… 129
chumship ………………………………… 149
new object ……………………………… 152
PICAGIP …………………………… 57, 163
pre-oedipal ……………………………… 153

▶あ
痛み ………………………………………… 35
医療機関との連携……………………… 128
オープン形式…………………………… 166

▶か
会
　―の成長……………………………… 113
　―の名称……………………………… 168
会計………………………………………… 168
　―管理………………………………… 171, 174
開催案内………………………………… 171, 174
回収した資料……………………………… 89
会場
　―の確保……………………………… 167
　―の継続的な確保…………………… 171, 172
回数……………………………………… 167
外的構造………………………………… 169
会費……………………………………… 168
　―の徴収……………………………… 171, 173
加害恐怖………………………………… 142
家庭状況………………………………… 143
カンファランス・ショック……………… 18
関与しながらの観察……………………… 22
期間の設定……………………………… 167
傷つき……………………………………… 35

ギブの理論……………………………… 101
規約づくり……………………………… 168
客観的事実………………………………… 51
強迫スペクトラム……………………… 127
薬による脱抑制………………………… 126
クライアント
　―についての理解……………………… 33
　―の言動……………………………… 132, 133
　―の日常の現実………………………… 41
グループ
　―の成長……………………………… 113
　―への魅力…………………………… 108
グループスーパーヴィジョン………… 163
　神田橋の―…………………………… 163
クローズド形式………………………… 166
ケースカンファランス…………………… 37
権威型……………………………………… 80
検討したい点…………………………… 19, 20
口座開設………………………………… 168
考察………………………………………… 32
講師……………………………………… 163
　―の依頼……………………………… 167
　―への継続依頼……………………… 171, 172
口頭……………………………………… 21, 32
　―発表…………………………………… 21
告知……………………………………… 168
個人スーパーヴィジョン………………… 36
個人の成長……………………………… 113
言葉を扱う力……………………………… 61
懇親会や特別講演会等の企画…… 171, 175

▶さ
参加者…………………………………… 163
　―型……………………………………… 80

―同士の関係……………………… 77
　　―として発言しないこと…………… 97
　　―として発言すること……………… 97
　　―に言われたこと…………………… 88
　　―に言われなかったこと…………… 88
　　―に伝わらない………………… 47, 48
　　―の意見……………………………… 46
　　―の更新…………………………… 171
　　―の構成…………………………… 166
　　―の態度……………………………… 34
　　―の内的体験………………………… 60
　　―の発表月の調整…………… 171, 173
　　―の役割……………………………… 57
　　―の連想……………………………… 85
事例検討会……………………… 37, 63, 162
　　―に参加する理由…………………… 67
　　―のあり方…………………………… 56
　　―の機能…………………………… 165
　　―の規模……………………………… 16
　　―の場………………………………… 34
　　―の目標…………………………… 162
　　―を立ち上げる…………………… 165
　　多職種での―………………………… 28
　　実り多い―の条件…………………… 64
事例
　　―研究…………………………… 21, 63
　　―検討……………………………… 63
　　―担当者の名前と所属……………… 19
　　―の概要……………………………… 19
　　―の追体験………………………… 176
　　―発表者…………………………… 163
　　―報告………………………………… 63
　　―を選ぶ……………………………… 16
　　―を対象化…………………………… 42
　　―を発表するということ…………… 43
　　―を発表する動機…………………… 17
司会者…………………………………… 67
　　―の役割と仕事……………………… 69
自我漏洩症状群………………………… 147

時間……………………………………… 167
自己愛の傷つき………………………… 35
自己開示………………………………… 134
自己臭恐怖……………………………… 156
思春期・青年期の発達課題…………… 148
思春期妄想症…………………………… 147
質問の意図……………………………… 31
自閉症スペクトラム障害……………… 128
事務局…………………………………… 171
社会的統制懸念…………………… 102, 108
集中的グループ体験…………………… 108
主観
　　―の世界に溺れこむ………………… 51
主観的体験……………………………… 40
出欠管理…………………………… 171, 174
受容懸念…………………………… 102, 106
情報提供書……………………………… 128
症例検討会症候群……………………… 87
助言者…………………………………… 163
　　―としての基本的心構え………… 73
　　―に言われたこと………………… 88
　　―に言われなかったこと………… 88
　　―の姿勢…………………………… 50
　　―の存在意義……………………… 50
助言という仕事………………………… 72
書類等の手続き………………………… 171
資料……………………………………… 30
　　―作成……………………………… 66
　　―等の保存…………………… 171, 174
診断……………………………………… 131
心理面接………………………………… 162
スーパーヴァイザー…………………… 48
スーパーヴィジョン…………………… 48
セラピスト
　　―との関係性……………………… 133
　　―の介入…………………………… 31
世話人…………………………………… 171
　　―の選定…………………………… 165
　　―の働き…………………………… 169

—の役割………………………… 169
宣伝………………………………… 168

▶た
退室しぶり……………………… 123, 138
タイトル…………………………… 19, 74
　　時期の—………………………… 74
対面講義形式……………………… 177
タックマンのモデル……………… 109
チーム形成のプロセス…………… 109
長期的な視点……………………… 137
治療構造……………………………… 30
データの流動的表出懸念……… 102, 106
統合的心理療法研究会…………… 164

▶な
内科的疾患を除外する必要性…… 142
斜めの関係………………………… 152
日常生活の現実…………………… 42
日本臨床心理士資格認定協会への
　　認定申請……………………… 171

▶は
場
　　—の雰囲気……………………… 84
　　—のマネジメント……………… 69
はじめに…………………………… 19
恥ずかしさ………………………… 35
発症時期…………………………… 143
発達課題との関連………………… 131
発達障害の認識…………………… 130
発表………………………………… 29, 44

発表者
　　—に対する配慮………………… 73
　　—の気持ちや介入……………… 74
　　—の逆転移……………………… 75
　　—の態度………………………… 33
　　—のタイトル…………………… 74
　　—を後方から支える役割……… 71
半知り……………………………… 147
秘密保持…………………………… 24
評価………………………………… 76
不安………………………………… 35
不思議がる………………………… 48
不思議に思う……………………… 48
プレゼンテーションの仕方……… 28
フロア……………………………… 66
雰囲気づくり……………………… 69
別の視点…………………………… 45

▶ま
面接
　　—過程のストーリー…………… 32
　　—経過の区切り方……………… 74
　　—経過と考察………………… 19, 20
　　—の経過………………………… 59
メンバーへの信頼………………… 37
目的・目標の設定………………… 165
目標形成懸念…………………… 102, 108

▶ら
略語………………………………… 20
倫理的配慮………………………… 24
レジュメを作る…………………… 79
ロの字型配置形式………………… 177

◆執筆者一覧(執筆順)

窪田　由紀（くぼた・ゆき）九州産業大学人間科学部
渡邉　素子（わたなべ・もとこ）中部大学健康増進センター学生相談室
德冨　里江（とくどみ・さとえ）メンタルクリニックみなみ
深津佐千子（ふかつ・さちこ）公立学校スクールカウンセラー
藤田　千恵（ふじた・ちえ）安城市教育センター相談室／私立高校スクールカウンセラー
井澤　直子（いざわ・なおこ）公立学校スクールカウンセラー
成田　善弘（なりた・よしひろ）成田心理療法研究室
三浦　広子（みうら・ひろこ）公立学校スクールカウンセラー
宮崎　美穂（みやざき・みほ）公立学校スクールカウンセラー
佐竹　一予（さたけ・かずよ）人間環境大学附属臨床心理相談室
北島　智子（きたじま・ともこ）藤田保健衛生大学病院精神科
飯田　陽子（いいだ・ようこ）元椙山女学園大学学生相談室

■監修者略歴

成田善弘（なりた・よしひろ）
1941年名古屋市に生まれる。1966年名古屋大学医学部卒業。精神医学専攻。
愛知県立城山病院医員，名古屋大学医学部精神医学教室助手，社会保険中京病院精神科部長を経て，1994年椙山女学園大学人間関係学部教授。2000年同大学院人間関係学研究科教授。2002年桜クリニック嘱託医。2003年大阪市立大学大学院生活科学研究科特任教授を併任。
2011年より成田心理療法研究室。現在に至る。

主な著書
『心身症と心身医学―精神科医の眼』（岩波書店），『青年期境界例』（金剛出版），『精神療法を学ぶ』（中山書店），『精神療法の深さ―成田善弘セレクション』（金剛出版），『精神療法家の本棚―私はこんな本に交わってきた』（みすず書房），『新版精神療法家の仕事―面接と面接者』（金剛出版）など。

■編著者代表略歴

渡邉素子（わたなべ・もとこ）
1976年名古屋市に生まれる。2002年椙山女学園大学大学院人間関係学研究科修士課程修了。
2017年名古屋大学大学院教育発達科学研究科博士後期課程満期退学。
桜クリニック非常勤臨床心理士，公立高等学校スクールカウンセラー，愛知淑徳大学学生相談室助教，等として心理臨床活動に従事し，
2017年より中部大学健康増進センター学生相談室講師。現在に至る。

事例検討会から学ぶ
―― ケースカンファランスをつくる5つのエッセンス ――

2018年6月10日　印刷
2018年6月20日　発行

監修者　成田善弘
編著者　渡邉素子・北島智子・佐竹一予・徳冨里江
発行者　立石正信

発行所　株式会社　金剛出版
〒112-0005　東京都文京区水道1-5-16
　　　電話03（3815）6661（代）　振替00120-6-34848

装丁　原田光丞（There Here Everywhere）
印刷・製本　シナノ印刷

ISBN978-4-7724-1626-9　C3011　　　　Printed in Japan ©2018

[新版] 精神療法家の仕事
面接と面接者

［著］=成田善弘

●四六判 ●並製 ●264頁 ●定価 **2,600**円+税
● ISBN978-4-7724-1375-6 C3011

雑誌連載時から好評を博した面接論の名著，
待望の新訂版登場。
初心者から中級者まで，
精神療法面接の懇切な指導書

[増補改訂] 心理臨床スーパーヴィジョン
学派を超えた統合モデル

［著］=平木典子

●A5判 ●並製 ●220頁 ●定価 **3,800**円+税
● ISBN978-4-7724-1552-1 C3011

著者が統合的心理臨床
スーパーヴィジョンに至るまでの前史と
ライブスーパーヴィジョンの記述を加え
増補改訂版とした。

スーパーヴィジョンのパワーゲーム
心理療法家訓練における影響力・カルト・洗脳

［編著］=リチャード・ローボルト　［訳］=太田裕一

●A5判 ●上製 ●432頁 ●定価 **6,000**円+税
● ISBN978-4-7724-1417-3 C3011

スーパーヴァイザーの絶対的権力が
君臨するスーパーヴィジョンが
本来の意義を回復するための
「創造的スーパーヴィジョン論」。